Selig sind, die Heimweh haben,
denn sie werden nach Hause kommen.

Heinrich Jung-Stilling

Wolfgang Zöller

Brennend heißer Wüstensand

BRENDOW VERLAG

CIP-Kurztitelaufnahme der Deutschen Bibliothek
Zöller, Wolfgang:
Brennend heißer Wüstensand / Wolfgang Zöller. –
Moers: Brendow, 1986
(Edition C: M; 92)
ISBN 3-87067-284-6

NE: Edition C/M

Edition C – M 92

© 1986 Copyright by Brendow Verlag, D-4130 Moers 1
Titelgestaltung: Jürgen Jurgowiak
Fotos: Adolf Karos
Printed in Germany

INHALT

„Unsere Heimat ist im Himmel"

Auf dem Bauch robbt ein junger Mann irgendwo draußen in Indochina durch den Busch. In den Händen hält er ein Gewehr. Außerdem hat er ein Messer und zwei Handgranaten bei sich. Um ihn lauert der Tod. Aber er selber bringt, sollte der Feind ihm begegnen, auch den Tod. Es geht für ihn bei jeder möglichen Begegnung mit der Gegenseite nur um eines: Du oder ich!

In einem Dorf in Deutschland auf dem Hunsrück kehrt ein fortgelaufener Sohn nach Jahren heim. Der Mutter und den Geschwistern erklärt er einen Tag nach der Ankunft, er sei nur „auf Urlaub" da und werde beizeiten wieder verschwinden. Eine Zeitlang hält er es dann doch noch zu Hause aus. Er geht arbeiten und tut auch etwas für seine Weiterbildung. Zuletzt aber macht er sein Wort wahr und zieht wieder in die Welt hinaus.

Hoch in den Aures Nemenchas, einem Gebirge in Algerien, schleppt ein Unteroffizier seinen Putzer, einen jungen Italiener, fort. Sekunden vorher hatte ein Scharfschütze aus seinem Schlupfwinkel den Italiener durch einen gezielten Kopfschuß getötet. Der Unteroffizier ist über das Sterben seines Kameraden erschüttert und fragt sich: „Wieso er – und nicht ich?" Sollte er auf diese Frage je eine Antwort finden?

In etwa zehn Metern Tiefe auf dem Grund des Mittelmeeres vor der Nordafrikanischen Küste kniet ein Taucher, dem das Herz bis an den Hals hinauf klopft. Um ihn kreist, mit aufgerissenem Maul, ein Hai. Der Kampfschwimmer dreht sich ständig mit, eine gespannte Harpune und die Augen angstvoll auf den Meeresräuber gerichtet. Wird es zu einem Kampf kommen? Wer wird überleben, der Mensch oder das Tier?

In einem vornehmen Palast nahe bei Paris treffen sich bei gedämpfter Beleuchtung unter vielen kristallblitzenden Kronleuchtern Mitglieder des französischen Hochadels sowie einige Minister, außerdem Repräsentanten der Petrochemie Frankreichs. Besonderen Glanz erhält die Zusammenkunft durch die Anwesenheit mehrerer bekannter Schauspieler von Bühne und Film. Sektgläser klirren leise. Dazwischen einer von munterer, aber bescheidener Art, weder adelig noch mächtig, weder reich noch weltbekannt, nur ein ehemaliger Fremdenlegionär. Aber alle, die hier versammelt sind, kennen ihn.

Die Mitarbeiterrunde des christlichen Freizeithotels am Stadtrand von Calvi auf der Mittelmeerinsel Korsika ist komplett. Es ist 9 Uhr morgens. Der Leiter des Hauses schlägt ein Buch auf und liest daraus vor: „Ich bin der Weinstock, ihr seid die Reben. Wer in mir bleibt und ich in ihm, der bringt viel Frucht; denn ohne mich könnt ihr nichts tun." Hände werden gefaltet, Augen geschlossen. Ein Gespräch mit Gott beginnt. Jeder beteiligt sich kurz. Nach dem letzten „Amen" schaut der Leiter des Hotels die Mitarbeiter fröhlich an und spricht mit ihnen die wesentlichen Aufgaben des Tages durch.

Der fortgelaufene Sohn vom Hunsrück, der Indochina-Kämpfer, der Algerien-Krieger, der Kampfschwimmer auf dem Meeresgrund, der Freund vieler französischer Prominenter, der Chef des christlichen Freizeithotels – alles eine

Person: Adolf Karos, seit 1977 Mitarbeiter des deutschen Missionswerks „Neues Leben". Ein Abenteuerroman ist und bleibt ein Roman. Die Geschichte des Adolf Karos wurde vom Leben selbst geschrieben. Höhen und Tiefen in ihrer extremen Form kommen darin vor. Übrig bleibt am Ende ein Mann, der sich über seine eigene Geschichte nur wundert.

Dazu hat er allen Grund. Denn der Mann, der es gewohnt war, seine Fäuste zu gebrauchen und im Kampf des Lebens zumeist Sieger zu bleiben, hatte sich viele Pläne für seine Zukunft zurechtgelegt – um dann an den Punkt zu kommen, an dem er die Herrschaft über sich und sein Leben in die Hände eines anderen gibt. Bei diesem einen fand er nämlich das, was er von Jugend an im tiefsten Grunde seines Herzens gesucht hatte: Frieden, Ruhe, Geborgenheit.

Das Leben des Adolf Karos ist die Geschichte eines jedermann, der ohne nach Gott zu fragen das Geschick in die eigenen Hände nimmt, sich auf die eigenen Kräfte und den eigenen Verstand verläßt und notfalls auch mit dem Schädel durch die Wand will; gleichzeitig ist es die Geschichte eines einzelnen, dem nichts Besseres einfiel, als sich der französischen Fremdenlegion anzuschließen, und der damit in ein abenteuerliches, jedoch keinesfalls immer vergnügliches Leben geriet. Adolf Karos ist ein Mensch, der aus den verzwicktesten, hoffnungslosesten Situationen unversehrt hervorging und am Ende die Führung Gottes über seinem Leben erkennen muß. Er lernt einen Gott kennen, der ihm in Jesus Christus seine unendliche Liebe und Gnade zuwendet. „Verstehen kann ich das nicht. Denn ich habe Gottes Gnade nicht verdient", stellt Adolf Karos fest, „aber ich bin dankbar."

Der Allround-Soldat, Fallschirmjäger, Nahkampfspezialist, Sprengstoff- und Sabotageexperte, Bergführer und Skilehrer unter dem Käpi der Legion wurde von Fernweh und Rastlosigkeit umgetrieben, trollte sich über den halben Globus, hatte dann plötzlich, kaum über 30 Jahre alt, von alledem restlos genug und nahm sich vor, den Rest seines Lebens irgendwo hoch oben in den Bergen der Insel Korsika in Ruhe und Abgeschiedenheit zu verbringen. Dabei wurde ihm jedoch bewußt, daß er im letzten Grunde heimatlos war und blieb, daß es für ihn keinen festen Grund unter den Füßen gab.

Eines Tages stieß Adolf Karos auf Menschen von einer schlichten, natürlichen Freundlichkeit, von denen er innerlich spürte, daß sie das hatten, was ihm fehlte und wonach er auf der Suche war. Sie kamen vorwiegend aus dem deutschsprachigen Raum Westeuropas, aus vielerlei Berufen, aus zahlreichen Kirchen, Freikirchen und Glaubensgemeinschaften und hatten doch alle eines gemeinsam: Der Mittelpunkt ihres Lebens war Jesus Christus.

Der Friede, den diese Menschen ausstrahlten, hatte eine Ursache. Sie hatten Frieden mit Gott gefunden. Über ihrem Leben stand das Wort: „Unsere Heimat ist im Himmel." Heute gehört Adolf Karos zu ihnen. Er durfte den Weg zu Gott finden. Er ist nicht mehr heimatlos.

Das Glockenseil am Treppengeländer

Wer Adolf Karos zum erstenmal begegnet, hält ihn auf Anhieb nicht für einen Deutschen. Seine dunkle Haut und das schwarze Haar lassen eher auf einen Südländer schließen. Und dann noch der Hausname – doch daran ist nichts zu drehen und zu biegen: Adolf erblickte am 7. März 1933 in Hermeskeil auf dem Hunsrück das Licht der Welt. Vier Jahre zuvor war in der Familie bereits ein Junge angekommen. Nach Adolf kamen noch zwei Schwestern und ein Bruder. Der Vater trug als seinen Beruf in Adolfs Geburtsurkunde „Telefonist" ein; er arbeitete damals bei der Deutschen Reichsbahn. Ein wenig Erklärung für Adolfs überaus bewegtes Leben und ehemals ausgeprägte Abneigung gegen alle festen Normen findet sich jedoch in den bescheidenen Ergebnissen einer kleinen Ahnenforschung, die sein älterer Bruder einst durchführte. Demnach hat es im vorletzten Jahrhundert einmal in London einen Bürgermeister namens Karos gegeben, dessen Vorfahren irgendwann im Mittelalter entweder aus Griechenland oder aus Ungarn – genau war das nicht mehr feststellbar – auf die britische Insel gekommen waren.

Daß in den Adern des kleinen Adolf kein zu Disziplin und Unterordnung tendierendes Preußenblut floß, sondern eher das unruhige Temperament des Balkans oder der Pußta zum Vorschein zu kommen schien, bekam das damalige Gaumusterdorf Hermeskeil sehr bald und im Verlauf der Jahre immer wieder ausgiebig zu spüren, insbesondere auch die Vertreter der römisch-katholischen Kirche, seinerzeit die nahezu uneingeschränkt in dieser Hunsrück-Region herrschende religiöse Kraft. Denn was der Adolf zuweilen anstellte, sprengte nicht selten den Rahmen des Familiengeschehens und ließ sich oft genug auch nicht allein auf die erzieherische Achse zwischen Vater und Dorfpfarrer einengen. Immer wieder sorgte der Junge für heiteren wie auch erregten Gesprächsstoff in und um ganz Hermeskeil.

Wirklich streng katholisch ging es aber nur in den beiden Großelternhäusern zu. Adolfs Eltern hatten dazu bereits so viel inneren Abstand gewonnen, daß sie es mit dem Druck und dem Drang in die Kirche nur noch so genau nahmen, wie unter den Augen der in benachbarten Ortschaften lebenden Großeltern unbedingt nötig. Zu ersten echten Schwierigkeiten kam es daher, als Adolf im Alter von knapp zehn Jahren auf die erste heilige Kommunion vorbereitet wurde. Man sagte ihm, er solle von nun an den Kommunion-Unterricht beim Pfarrer brav und regelmäßig besuchen. Adolf versprach auch, das zu tun – ging aber nicht ein einziges Mal hin. Mit der Volksschule, in die er seit Ostern 1939 zu gehen hatte, hielt er es ähnlich. Wenn draußen die Sonne schien und der Wind den zarten Duft der Hunsrückwälder durch das Dorf trug, zog es den Jungen hinaus in die Natur. Dann pfiff er auf Rechenaufgaben, Aufsätze, Singestunden und alles, was mit der Schule zusammenhing. Schon im ersten Schuljahr erklärte er seiner Lehrerin, als die ihn an einem Morgen nach dem Grund seiner deutlichen Verspätung fragte, schlicht: „Da hat auf'm Baum ein Vogel so schön gesungen und ich mußte erst mal zuhören ...!"

In der Kirche hörte Adolf überhaupt nicht zu. Er hatte andere Interessen. Zusammen mit seinen Kameraden streunte er durch die Wälder, baute aus Zweigen und Stämmen herrliche Buden, machte mit den Jungen weitschweifige Geländespiele. Und irgendwo gab es immer wieder einen deftigen Unsinn anzustellen. Einer von den ganz Braven, die immer alles schön taten, was die Eltern, die Lehrer und der Pfarrer sagten, war Fritzchen. Der durfte auch im Kirchturm die Mittagsglocke läuten. Ihm bei dieser schönen Arbeit zu helfen, hatten eines Tages der Adolf und sein Freund Karl-Horst beschlossen. Vor der Kirche trafen sie mit ihm zusammen, stiegen dann mit ihm die wackelige alte Wendeltreppe mit dem nicht mehr sehr festen Holzgeländer hinauf und zogen oben kräftig mit am Glockenseil, das durch senkrecht untereinander liegende Löcher in den Decken der einzelnen Stockwerke bis hinunter in den Eingangsbereich der Kirche hing.

Als die Glocke genügend hin und her schwang und ihr machtvolles Geläut ertönen ließ, riefen sie dem Fritzchen ins Ohr, er könne ja nun allein gut weitermachen, und liefen nach unten. Dem Fritzchen da oben mittendrin die dicke Glocke einfach anhalten, so daß sie nichts mehr sagt – das war ein Gedanke, den Adolf und Karl-Horst zu gern in die Tat umsetzen wollten. So nahmen sie das unterste Ende des auf und ab tanzenden Glockenseils, als es gerade wieder unten war, und schlangen es blitzschnell zweimal um das alte Treppengeländer. Dieses gab mit großem Krachen nach und flog den beiden Jungen im nächsten Augenblick in hundert Einzelteilen um die Ohren. Das Nachspiel war für den Adolf daheim eine Tracht Prügel. Diese väterlichen Liebesbeweise jedoch sah der Adolf nicht als solche an. Sonderlich beeindrucken ließ er sich davon auch nicht, denn aufgrund einer gewissen Vielzahl hatte sich bei ihm längst ein Gewöhnungseffekt eingestellt.

Der Vater war ein sehr gewissenhafter Mann und arbeitete sich bei der Eisenbahn mit großem Fleiß empor. Seine Sicht von der neuen Zeit schärfte er seinen Kindern immer wieder ein: „Wer nicht studiert, kann nichts anderes mehr werden als Handlanger!" Also wurde auch dem Adolf klargemacht, er müsse in jedem Fall „auf die Penne". Der aber hatte nicht viel Lust. So wurde die erste Aufnahmeprüfung 1943 am örtlichen Realgymnasium zunächst einmal gründlich „versabbelt". Doch der Vater ließ nicht locker, und so klappte es dann bei der Aufnahmeprüfung 1944 endlich. So weit die Schulen in den letzten Kriegsjahren noch funktionsfähig waren, fand auch der Unterricht statt – für den Adolf aber wiederum nur so weit, wie er von sich aus zur Schule ging und nicht lieber schwänzte.

Zwölf Jahre war Adolf erst alt, als er zusammen mit anderen Menschen aus seinem Dorf auf offener Straße von amerikanischen Tieffliegern beschossen wurde. „Ich lief zickzack um mein Leben", erinnert er sich heute, „und daß die Leute, die neben mir hinfielen und liegen blieben, tot waren, habe ich erst später begriffen." Über das Leben und was möglicherweise danach kommt, dachte der Junge nicht nach. Da gab es die Kirche mit ihren Ritualen und festgefügten Regeln und Dogmen, doch das alles sagte dem Adolf nichts. Die größten Probleme bekam er damit, als der Weiße Sonntag 1943 nahte, an dem er an der ersten heiligen Kommunion teilnehmen sollte. Am Tag zuvor reisten bereits Teile der Verwandtschaft an, allen voran beide Großelternpaare. Dem Adolf war nicht ganz wohl in seiner Haut, und so machte er sich, ganz gegen seine sonstige Gewohnheit, an jenem Samstag abend sehr früh ins Bett. Nach etwa zwei Stunden war es so weit. Da hörte er auf der Treppe eine Menschenmenge, die sich zu seinem Zimmer hinaufwälzte. Übertönt wurde das Stimmengewirr vom Weinen einer der beiden Großmütter. Dann ging die Tür auf, und der Pfarrer stand im Zimmer.

Nach ausgiebigem Palaver, bei dem der Geistliche wiederholt deutlich machte, weshalb er den Jungen nicht zur

ersten heiligen Kommunion zulassen könne, und die Großmütter samt der übrigen Verwandtschaft den Pfarrhirten
händeringend zum Gegenteil hin beschworen, fand man zu
einem salomonischen Kompromiß, wonach der Junge trotz
seines Fehlens im Kommunion-Unterricht denn doch noch
dabeisein und die Schmach von der Familie abgewendet
werden könnte – immerhin waren doch sämtliche Vorbereitungen für das große Fest bereits abgeschlossen, auch hatte
man dem Kind schon die weiße Kommunionskerze gekauft.
Die Erinnerung an die praktische Ausführung des mit dem
Pfarrer ausgehandelten Kompromisses ruft bei Adolf Karos heute noch eine Gänsehaut hervor: „In kurzhosigem
Kommunionsanzug und weißen Kniestrümpfen hatte ich
am Sonntag morgen um sechs Uhr anderthalb Kilometer
weit durch das ganze Dorf, auf dem eine dicke Schicht
Rauhreif lag, bis zur Kirche zu laufen. Dort bekam ich eine
Viertelstunde lang Beichtunterricht im Schnellverfahren
und konnte dann anschließend bei der Kommunion mitmachen ..."

Zu einem inneren Verhältnis mit der Kirche und ihren
Anliegen jedoch fand Adolf nie. „Natürlich war ich kein
Atheist", stellt er fest, „überhaupt habe ich in meinem ganzen Leben noch keinen einzigen wirklichen Atheisten angetroffen." Er hielt es wie alle „Normal"-Bürger: Für ihn gab
es ohne Zweifel „irgend jemand, der über uns Menschen
steht". Aber sich mit Gott oder gar seinem Wort näher zu
befassen, dagegen sträubte sich jede Faser seines Seins. Daß
die vielen Bemühungen der Großeltern, der Eltern, des
Pfarrers und anderer überzeugter Katholiken an ihm gut ge-
meint waren, steht für ihn außer Frage. Sein Weg aber ver-
lief – da der Junge immer nur der Stimme folgte, die ganz tief
aus ihm selber herauskam, und die Religion sein Innerstes
nicht erreicht hatte – in entgegengesetzter Richtung. „Stau-

nen muß ich bis heute nur immer wieder", so Adolf Karos, „wie ich das ganze Leben hindurch bewahrt worden bin – beispielsweise unter den Kugeln der Tiefflieger, beim Kinderspiel mit hochexplosiver Kriegsmunition, als wenige Meter hinter unserem Haus im Garten eine Zehn-Zentner-Bombe einschlug und nicht explodierte, als im Nachbardorf meine Großeltern mütterlicherseits in einem Bombenhagel umkamen. Wieso kam ausgerechnet ich immer unbeschadet davon?"

Romantischer Schulschwänzer

Das Pauken am Realgymnasium von Hermeskeil begleitete Adolf mit unterschiedlichen Empfindungen. Nach dem Krieg war der Hunsrück französisch besetzte Zone. Und so kamen an der Penne auch bald Französisch und Latein als Pflichtfächer auf den Lehrplan. Da der westliche Hunsrück immer Grenzbereich zu Frankreich hin gewesen war, fand Adolf diese Sprache von vornherein interessant – nicht ahnend, welche großen Vorteile seine Französischkenntnisse ihm einmal bringen sollten.

Als ausgesprochene Einengung empfand er alle Versuche seiner Lehrer, ihm bestimmte Denkvorgänge und Auffassungen beizubringen. Adolf dachte lieber selber nach und arbeitete an seiner eigenen Weltanschauung. Nicht selten nutzte er zu diesem Zweck die Gelegenheit, mit Kameraden und anderen Personen intensiv zu diskutieren. Aber alles, was ihm in irgendeiner Form von außen übergestülpt wurde, stieß auf seine tiefverwurzelte Abneigung. Mit einer ausgeprägt romantischen Veranlagung, die ihn in fast jeder freien Minute hinaus in die Wälder trieb, um den Duft frischen Grüns zu atmen und dem Gesang der Vögel zu lauschen, stimmte sein Hang zu Erzählungen von Peter Rosegger und Gedichten von Annette von Droste-Hülshoff überein.

Eines Tages erschien Adolf wieder einmal nicht in der Schule. Dafür kam ein Entschuldigungsschreiben mit der Erklärung, der Junge sei krank und könne nicht kommen. Nachdem man ihn am Realgymnasium eine lange Zeit nicht gesehen hatte, begegnete seine Lateinlehrerin dem Vater auf der Straße und fragte, ob der Adolf immer noch krank sei und an was er denn leide. Der Vater zog zunächst ein dummes Gesicht. Dann fand man heraus, daß der Bengel während der ganzen Zeit die Schule geschwänzt, das Entschuldigungsschreiben selber aufgesetzt und des Vaters Unterschrift täuschend ähnlich nachgemacht hatte. Aufgehalten hatte er sich während der Schulstunden draußen im Wald, um seinen gleichaltrigen Dorfkameraden, die die Volksschule bereits hinter sich hatten, bei Forstarbeiten zu helfen. Doch sein Vater gab nicht nach und hielt unbeirrt an der Hoffnung fest, der Junge werde bald an den Punkt kommen, an dem er Vernunft annehmen müsse. Die Erfüllung dieser Hoffnung hat er nicht mehr erlebt.

Als das Schuljahr zu Ende war, verlor der Junge den allerletzten Rest Lust, noch länger zur Penne zu gehen. Er meldete sich kurzerhand bei der Schulleitung ab. Daß er es nur bis zu Untertertia gebracht und somit keinerlei Abschluß erlangt hatte, störte ihn weiter nicht. Seine Eltern waren über die Entscheidung entsetzt.

Eines Tages kam der Adolf heim und brachte einen Vorschlag mit, den ihm einer seiner Kameraden ins Ohr geflüstert hatte: „Ich hätte Lust, in den Ruhrpott zu gehen und Bergmann zu werden." Das war nun für die Eltern und die ganze Familie eine neue Horrorvision. Denn daß der Bergbau nicht nur ein überaus schmutziger, sondern vor allem auch gefährlicher Arbeitsplatz mit vielen tödlichen Unfällen war, wußte man auf dem Hunsrück aus dem benachbarten Saarland. Dort zu arbeiten aber kam für den Jungen nicht in Frage, weil das Saargebiet seinerzeit noch völlig unter der Kontrolle Frankreichs stand und somit als „Feindesland" galt. Alle Bemühungen, ihm die neue Idee auszureden, blieben fruchtlos. Er hielt daran fest, daß er den Beruf des Bergmanns erlernen wollte. In Wahrheit wollte er das nicht. Was ihn daran einzig und allein reizte, war die Möglichkeit, ins Ruhrgebiet und damit so weit wie möglich von zu Hause fort zu kommen. Aber das ließ er niemand wissen.

Daß er diese Entscheidung bald bereuen würde, ahnte er zu dem Zeitpunkt noch nicht. Er packte seine Sachen zusammen, verabschiedete sich von seinen Freunden im Dorf, ließ sich von Eltern und Geschwistern zur Eisenbahn bringen und machte sich in Richtung Norden davon.

In Dortmund-Brambauer auf der Zeche „Minister Achenbach" fand Adolf gute Unterkunft in einem Lehrlingsheim. Seine Bergmannslehre begann damit, daß er zunächst zwei Monate lang über Tage an einem Fließband sitzen und mit den bloßen Händen aus den Kohlebrocken jegliches andere Gestein aussortieren und in ein Bullerloch werfen durfte. Schon nach wenigen Tagen empfand er diese Arbeit als so geistlos und nervtötend, daß er Angst bekam, er müsse verrückt werden. Doch er biß die Zähne zusammen und hielt durch, bis er zusammen mit anderen Berglehrlingen durch weitere Abteilungen geschleust wurde, so durch die Schmiede, die Schlosserei und die betriebseigene Schreinerei. Bei den Markscheidern – so heißen im Bergbau die

Vermessungs-Ingenieure – gefiel es ihm am besten, weil diese Arbeit nach seinem Eindruck den meisten Einsatz von Intelligenz erforderte. Aus eben diesem Grunde fand er auch viel Interesse am Unterricht in der Berufsschule, nicht zuletzt auch weil es hier sehr praxisbezogen zuging. Darüber hinaus interessierte er sich für nahezu nichts weiter als Sport.

Nach anderthalb Jahren jedoch hatte Adolf auch wegen des hohen Anteils an Kohlenstaub die Nase im wahrsten Sinne des Wortes vom Kohlenpott gestrichen voll. Er brach seine Lehre ab und fuhr nach Hause zu den Eltern. Dort bot man ihm etliche Stellen an. Doch die interessierten ihn nicht, weil das wiederum seinem Freiheitsdrang entgegenlief und er andererseits nicht in den Kreisen seiner Bekannten und Verwandten mit dem Image eines reumütigen Heimkehrers leben wollte. So machte er sich bald wieder in Richtung Kohlenpott davon, diesmal in die Stadt Dinslaken, wo er ebenfalls Arbeit in einem Pütt fand. Als es ihm nach relativ kurzer Zeit dort nicht mehr gefiel, machte er sich – ohne seine Angehörigen zu benachrichtigen – nach Kettwig an der Ruhr auf, wo man ihm Arbeit in einer kleinen Privatgrube gab. Die kleine Belegschaft vertrug sich ausgezeichnet miteinander und fühlte sich wie eine Familie – zog aber auch an jedem Feierabend geschlossen in die umliegenden Kneipen und ließ sich Nacht für Nacht volllaufen.

So warf er auch hier bald das Handtuch. Das Weihnachtsfest 1951 und Neujahr 1952 kamen ins Land. Er fühlte sich mutterseelenallein und bekam, da er auch aus einer gewissen Trotzhaltung heraus bei seinen Eltern nichts von sich hatte hören lassen und nun daheim niemand wußte, wo er sich überhaupt aufhielt, einen schweren seelisch-moralischen Tiefpunkt. In diesem Zustand aber kam er nicht etwa auf die Idee, sich in Richtung Heimat zu bewegen oder wenigstens auf sonst eine Weise bei seinen Angehörigen von sich hören zu lassen. Er ging zum Bahnhof, kaufte sich für 10 Pfennig eine Bahnsteigkarte und setzte sich in einen Zug, der ihn nach Heidelberg bringen sollte – was er dort anfangen wollte, wußte er nicht. Sein Weg ging aufs Geratewohl.

In Bonn wurde der Schwarzfahrer von einem Schaffner geschnappt. Bei der Bahnpolizei erklärte man ihm, er habe jetzt den doppelten Fahrpreis und zusätzlich 20 Mark Strafe zu zahlen. Adolf aber wollte sein Geld, das er sich während mehrerer Wochen mühsam zusammengespart hatte, behalten und fand einen Ausweg: „Rufen Sie mal in Hermeskeil auf dem Hunsrück meinen Vater an, der ist Eisenbahner ..." Dies geschah, und kurz darauf ließen die Beamten den Jungen straflos laufen. (Erst fünf Jahre später erfuhr Adolf daheim, daß sein Vater sowohl den doppelten Fahrpreis von Kettwig nach Bonn und die Geldstrafe hatte bezahlen müssen – und schämte sich nachträglich in Grund und Boden.) Von Bonn aus löste er sich nun vorsichtshalber doch eine Fahrkarte nach Heidelberg, wo er aber nie ankam. Bei einem kurzen Umsteigeaufenthalt in Ludwigshafen fiel ihm ein Plakat ins Auge, auf dem für ein Volksfest in Germersheim in der Pfalz geworben wurde. Also stieg er in den nächsten Zug nach Germersheim. Hier erregten wiederum Plakate seine Aufmerksamkeit: „Fremdarbeiter für Frankreich gesucht!"

Bald stand der Adolf in einer Gendamerie der französischen Besatzer einem deutschsprechenden Beamten gegenüber, der mit Kennerblick den gesunden, bärenstarken Jungen von oben bis unten anschaute und ihn fragte, was er wünsche. Noch einmal waren es eindrucksvolle Plakate, die Adolfs Blicke fesselten: Von den Wänden des Wachraums her schauten ihm bunte Ansichten von Madagaskar, der Sahara, Algerien, Marokko und Tunesien entgegen.

Der Junge merkte nicht, wie in ihm das Fernweh erwachte und sofort mit ihm durchging. „Suchen Sie dort überall Fremdarbeiter?" Der Beamte schränkte ein: „Nein, eigentlich nur für Frankreich. Was hast du denn beruflich gelernt?" „Nun ja – Bergmann …" Der Franzose: „Da hätten wir bestimmt etwas für dich in der Normandie. In der Gegend von Lille gibt es 'ne Menge Kohlengruben." Davon aber hatte Adolf genug. Seine Augen hingen an den Plakaten und er fragte: „Aber wie kommt man in diese Länder da?" Der Beamte antwortete nicht gleich, sondern goß noch ein wenig Öl ins Feuer: „Diese Länder oder andere? Hättest du vielleicht Lust, nach Indochina zu gehen?" Adolf hatte zwar keine Ahnung, wo Indochina liegen sollte. Aber ein Plakat gefiel ihm besonders gut, auf dem ein uniformierter Soldat mit geschultertem Gewehr auf einem Kamel durch eine Wüste ritt. Und er sagte: „Klar! Ich ginge auch nach Indochina!"

Mit dem Kopf unterm Arm

Das Wort „Indochina" entzündete in Adolf ein Fieber. Irgendwann im Verlauf des Gesprächs muß der Franzose auch etwas von der Fremdenlegion gesagt haben. Aber Adolf Karos erinnert sich nicht mehr an Einzelheiten. In seinem Kopf schwirrte damals nur der Begriff „Indochina" herum – als Synonym für den einen heißen Wunsch: „Weit, weit in die Welt hinaus!" Der französische Beamte stellte ihm einen Eisenbahn-Fahrschein aus und erklärte ihm: „Hiermit fährst du jetzt nach Landau!" Dazu erhielt der junge Mann auf einem Zettel die Adresse einer Panzerkaserne. Wie auf Wölkchen schwebte Adolf hinaus. Einen ersten kleinen Ernüchterungseffekt, wenn auch ohne Dauer und tiefergehende Wirkung, erlebte er auf dem Bahnhof von Germersheim, als er einem Bahnbeamten den Fahrschein vorzeigte und der ihn vielsagend von oben bis unten musterte mit dem Gesichtsausdruck: „Das darf nicht wahr sein – auch diesen armen Kerl haben sie geködert ...!"

Leichte Zweifel kamen dem „armen Kerl" auch während der knapp einstündigen Bahnfahrt. Draußen fing es an zu schneien, harter Frost lag über der Pfalz. Adolf graute ein wenig beim Gedanken an die für ihn noch unvorstellbaren Entfernungen, die er nun zwischen sich und seine Heimat zu bringen gedachte. Daß seine Eltern von alledem nichts wußten, erfüllte ihn mit einer eigentümlichen Mischung aus schlechtem Gewissen und kindlich-trotzigem Stolz. Als er vom Bahnhof Landau aus durch den Schnee stapfte und Passanten nach dem Weg zur französischen Panzerkaserne fragte, bekam er von einigen keine, von anderen nur sehr zögernde Antwort. Dem Wachposten vor dem Kasernentor hielt Adolf seinen Fahrschein entgegen. Der Uniformierte überlegte einen Augenblick, dann ging er in sein Wachhäuschen und kam mit einem Schild zurück, das er dem jungen Deutschen vor die Augen hielt: „Möchten Sie sich bei der Fremdenlegion engagieren?" Adolf las die Worte flüchtig und nickte: „Oui, oui, nach Indochina!"

Der Soldat führte ihn über den Kasernenhof zum Hauptgebäude und drückte auf einen Klingelknopf. In einem Fenster des ersten Stocks erschien ein Uniformierter mit weißem Käpi und rief auf deutsch: „Isch komme soffort!" An der Tür gab es einen freundlichen Empfang. Adolf wurde eine Treppe hinaufgeführt und landete in einem Warteraum, in dem bereits einige junge Männer saßen. Ein Offizier kam herein, verlangte von allen die Ausweispapiere und fragte sie in deutscher Sprache eine halbe Stunde lang nach ihrem Woher und Wohin. Anschließend traf die kleine Gruppe mehr oder weniger verstörter Möchtegern-Legionäre in einem Speisesaal auf rund 60 weitere Genossen, die den gleichen Eindruck machten wie sie. Und ein kräftiges Mittagessen samt einem Viertel Rotwein wärmte die durchgefrorenen Burschen auf. Adolf ließ den Wein schon nach dem ersten Schluck stehen, da er ihm entschieden zu sauer vorkam.

Als er sich alle die Typen, mit denen er zusammengeraten war, ein wenig näher anschaute, fiel ihm ein, daß er irgendwo einmal gehört hatte, die Fremdenlegion böte unter anderem allen möglichen und unmöglichen Elementen Aufnahme und Schutz vor staatlicher Verfolgung.

Einige Stunden nach dem Mittagessen, also am späten Nachmittag, hatte sich jeder der Kandidaten einem ersten intensiven Verhör zu unterziehen. Aus den Fragen und Antworten der französischen Offiziere hörte Adolf schnell heraus, daß sie sich bereits gründlich bei den deutschen Behörden über ihn erkundigt hatten. Er mußte staunen, daß die Franzosen die Geburtsdaten seiner Großeltern besser kannten als er selbst. Abends wurde er mit anderen Kameraden in einer einigermaßen ordentlichen Kasernenstube einquartiert.

Dann erlebte Adolf eine ganze Woche lang Tag für Tag das gleiche Ritual: Morgens kam ein uniformierter Arzt, der bei der Visite den Gesundheitszustand der Burschen unter die Lupe nahm. Anschließend gab es ständig sich wiederholende Verhöre zur Person. Zwischendurch wurden immer wieder einzelne junge Männer – aus welchen Gründen auch immer – für „untauglich" erklärt und fortgeschickt. Adolfs Stubenfenster lag zum Kasernentor hin, wo er und die Kameraden jeden Mittag nach elf und jeden Abend kurz vor sechs Uhr den gleichen Geschehensablauf beobachten konnten: Da wurden „Untaugliche" zum Ausgang gebracht und draußen vor dem Kasernentor von deutschen Kriminalbeamten in Empfang genommen. Wenn Adolf das Fenster öffnete, konnte er sogar das stählerne Klicken der Handschellen hören, in denen die polizeilich Gesuchten abgeführt wurden. Jene französische Panzerkaserne in Landau erwies sich seinerzeit als die größte Mausefalle für Leute, die „dicke Sachen" auf dem Kerbholz hatten und deshalb untertauchen wollten. Die französische Fremdenlegion hatte keinerlei Interesse an derartigen Elementen und war in diesem Punkt viel besser als ihr Ruf.

Als die Woche um war, steckte man alle, die den ersten Aussonderungsprozeß gut überstanden hatten, in uralte Militäruniformen, die offensichtlich aus dem Ersten Weltkrieg stammten, und versah sie mit Verpflegung und Zigaretten. Am späten Abend verfrachtete man die jungen Männer auf Militärlastwagen und zurrte die Plane fest zu. Es sollte in Richtung Straßburg gehen. Kurz vor der Grenzstation Weissembourg im Elsaß hielten die zwei Fahrzeuge an. Ein Unteroffizier erklärte den Passagieren, in fünf Minuten erreiche man die Grenze und sie dürften weder rauchen noch irgendeinen Ton von sich geben. Die Wagen setzten sich in Bewegung, hielten kurz darauf wieder an. Adolf vernahm die Stimmen deutscher Zollbeamter: „Was transportieren Sie?" Antwort: „Militärisch' Material." Die Fahrzeuge durften passieren. Wenige Minuten später rief der Unteroffizier aus dem Führerhaus nach hinten: „Jetzt könnt ihr wieder singen und rauchen!"

In der Straßburger Kaserne „Guymere" gab's im Morgengrauen wieder einen angenehmen Empfang mit heißem Kaffee. Hier trafen die Ankömmlinge aus Landau auf ein großes internationales Gemisch angehender Legionäre aus Freiwilligen Frankreichs, der Bundesrepublik Deutschland, Österreich, der damals so bezeichneten deutschen „Ostzone" sowie einiger Balkenstaaten. Etliche von ihnen nutzten die Möglichkeit, hier ihren Namen, ihr Geburtsdatum, die Nationalität und alle anderen Personenmerkmale zu ändern. Adolf selber wurde nie von Vertretern der Legion auf diesen Vorgang angesprochen und hat sein ganzes Legionärsleben lang seine Identität nie verleugnet. Für die Franzosen unter den Kandidaten war der Wechsel der Identität „obligatoire" – das Gesetz ihres Landes schrieb und schreibt bis heute vor, daß in der Fremdenlegion wirklich nur Fremde sein dürfen und keine Franzosen . . .

Der Aufenthalt in Straßburg dauerte nur zwei Tage. Die „Neuen" hatten Arbeiten wie Toilettenreinigen, Papieraufflesen und Sammeln von Zigarettenkippen zu erledigen und waren sonst zum Faulenzen und Herumliegen verurteilt. Bei dieser Gelegenheit lernten sich viele ein wenig näher kennen, man fragte sich gegenseitig aus. Der Junge vom Hunsrück machte erste unmittelbare Erfahrungen und traf bald eine schlichte Einteilung der Kandidaten in drei Gruppen: Die ersten waren die jungen Abenteuerlustigen, zu denen er selber gehörte; die zweiten flohen vor häuslichen Schwierigkeiten und hatten Frauen und Kinder verlassen – viele von ihnen waren sehr wortkarg, manche weinten oft still vor sich hin; die dritte Gruppe hatte alle möglichen Gründe, die zu vielschichtig und nicht auf einen Nenner zu bringen waren, etwa Ärzte, Rechtsanwälte, Beamte, Ingenieure.

Zwei Tage dauerte auch die Reise hinunter in den Süden nach Marseille. In Straßburg hatte man die Neulinge in Viehwaggons gesperrt, auf denen außen und innen zu lesen war: „6 Pferde stehend oder 48 Personen liegend." Dem Transportmittel entsprechend durften es sich die angehenden Legionäre während der Fahrt im Stroh bequem machen. Adolf bemerkte die makabre Seite seiner Situation sehr wohl, schluckte das alles aber eisern hinunter und sagte sich immer wieder, daß die ganze Welt voller neuer und spannender Dinge sei und kein anderer Weg ihn so weit bringen werde wie dieser. In Marseille lachte ihm die Mittelmeersonne entgegen. Auf dem Güterbahnhof durften er und seine Kameraden aussteigen. Auf offenen Lastwagen wurden sie durch die Stadt hinauf zum Fort St. Nicolas über dem Vieux Port, dem Alten Hafen, chauffiert.

Dort in der zentralen Verwaltungs-, Anlauf- und Musterungsstelle der Fremdenlegion trafen die Neuankömmlinge mit Hunderten sowohl angehender als auch dienender Legionäre zusammen. Etliche hielten sich dort auf, um in und um Marseille oder anderswo in Südfrankreich Urlaub zu machen. Andere wieder hatten ihre Dienstzeit von fünf oder mehr Jahren um und waren dabei, der Legion den Rücken zu kehren. Von diesen wiederum warfen manche mit mächtigen Heldensprüchen über ihre Schießereien und Prügeleien im vietnamesischen Tonking um sich, andere sprachen den Neuankömmlingen gegenüber offene Warnungen vor „diesem elenden Sauhaufen" aus, wiederum andere der Aussteiger wirkten still und auf eine unnatürliche Weise abgestumpft. Hier im Fort der Legion begegnete Adolf auch erstmalig Verwundeten aus Kriegsgebieten in Nordafrika und Indochina: teils bandagiert oder auch mit Krücken, teils in Rollstühlen mit nur noch einem Bein oder auch keinem mehr, teils erblindet oder auch sichtbar verstümmelt.

Das alles löschte Adolfs Fernwehfieber jedoch nicht aus. Er war sich der Tatsache voll bewußt, daß er die letzte endgültige Unterschrift unter seinen Legionärsvertrag noch nicht abgegeben hatte und – theoretisch – immer noch abspringen konnte. Dabei nahm er den insgesamt herrschenden erhöhten Druck innerhalb des Forts deutlich wahr. Überall war wildes, manchmal schrilles Gebrüll von Kommandos zu hören. Nicht selten handelte sich einer der Neuen kurzerhand einen schmerzhaften Fußtritt eines Legionärs ein. Unterschrieben wurde in Fort St. Nicolas nur ein vorläufiger Vertrag mit der Legion, mehr nicht. Die Kandidaten wurden in einzelne „Züge" zu je 30 Mann eingeteilt und in Gebäuden, Kasematten sowie überall, wo irgendein geeigneter Platz vorhanden war, einquartiert. Die Männer bekamen die Kopfhaare bis auf ganz kurze Stoppeln abgeschoren, sie wurden geduscht und desinfiziert, mit Fotos, Erkennungsnummer und Fingerabdrücken für alle Zeiten archiviert sowie in einer Verbands- und Untersuchungsstation mit allerlei Spritzen gegen Tropenkrankheiten traktiert.

Dazu gab es immer und immer wieder neue Verhöre zur Person sowie eine Arztvisite nach der anderen. Auch hier wurden immer noch weitere Kandidaten für „untauglich" erklärt und fortgeschickt. Am Ende mußten die, die übrig blieben, mit Erstaunen feststellen, daß von zehn Bewerbern nur zwei oder höchstens drei wirklich bei der Fremdenlegion angenommen wurden. Adolf gehörte zu ihnen – woran auch ein Unfall, den er in den ersten Tagen erlitt, nichts änderte. Als er nachts austreten wollte, rutschte er auf den schlüpfrigen Treppenstufen aus und brach sich bei dem Sturz zwei Rippen. Unter größten Schmerzen raffte er sich auf und kroch in sein Bett zurück. Am nächsten Morgen war er nicht fähig, zum Appell zu erscheinen. Kameraden schleppten den nach Atemluft ringenden Adolf zu einem Sanitätsfeldwebel deutscher Abkunft. Der schlug dem Kranken die Faust in die gebrochenen Rippen hinein, so daß dem die Funken vor den Augen tanzten, und bellte ihn an: „Kleinigkeiten! Für so was haben wir hier keine Zeit! Wenn du aus Indochina mit dem Kopf unterm Arm zurückkommst, kannst du hier was verlangen und kriegst noch 'n Orden dazu!"

Einige Kameraden hatten Erbarmen mit Adolf, legten ihn wieder auf sein Bett und zerrissen einige Hemden, um ihm damit Bandagen anzulegen. Von nun an ließ man ihn liegen und zitierte ihn zu keinem Dienst mehr herbei. Zu seiner Verwunderung legten sich die schlimmsten Schmerzen sehr schnell, so daß diese Tage für ihn halbwegs erholsam waren. Zuvor hatte er zusammen mit den Kameraden draußen in der Stadt an Arbeitseinsätzen in kleineren metallverarbeitenden Fabriken teilgenommen, was ihm wegen des Schmutzes und der Hitze nicht viel Freude gemacht hatte. Jetzt erlebte Adolf das Geschehen im Fort St. Nicolas aus der Perspektive des stillen Beobachters, der nicht ständig herumgehetzt wurde, um nur möglichst keinen längeren Gedanken fassen zu können.

Da gab es vor allem unter den Neulingen im Fort immer wieder Streit und nicht selten auch Schlägereien. Die Männer erhielten ein Minimum an Sold, deshalb kam es wiederholt zu Kameradendiebstahl, was dann in schweren tätlichen Auseinandersetzungen endete. Oftmals vertrugen sich die Männer auch nicht miteinder, weil sie aufgrund ihrer Nationalität alte Vorurteile gegeneinander hegten. Vor allem waren es Italiener und Spanier, die zuweilen wie die Kampfhähne aufeinander losgingen und dabei zumeist auch sofort ein scharfes Messer in der Hand hatten. Wenn Offiziere oder Unteroffiziere solche sich prügelnden Neulinge auseinandergetan hatten, wurde grundsätzlich nicht nach schuldig oder unschuldig gefragt. Die Legion griff hart durch und bestrafte alle Beteiligten mit ausgiebig Dunkelhaft bei Wasser und Brot sowie in Gesellschaft ganzer Sippschaften von Ratten.

An solchem Ärger kam Adolf in Fort St. Nicolas vorbei. Er lernte auf seinem Krankenlager jene anderen Legionen kennen, die schon zu allen Zeiten alle Kriegesheere begleitet haben – wenn es dunkel wurde und er allein war, kamen aus jeder möglichen und unmöglichen Fuge und Ritze ungezählte Wanzen hervorgekrochen, die ein unbeirrbares Selbstbewußtsein an den Tag legten und ihr Reich so souverän beherrschten, daß der Patient manchmal fürchtete, samt seinem Bett von den Tieren davongetragen zu werden.

Nach zwölf Tagen Aufenthalt in Fort St. Nicolas wurde für die Neulinge zum Aufbruch geblasen. Man schiffte sie im Hafen von Marseille auf einem kleinen Frachter ein, und zwar zusammen mit einer Herde von Schafen, die für Nordafrika bestimmt waren, sowie einer beachtlichen Anzahl Zinksärge. Rund 100 Männer wurden vorn im Bugraum, dicht zusammengepreßt, auf Liegestühlen untergebracht. Von unmittelbar nebenan kamen ständig das Geblöke und der Gestank der Schafe herüber. Einig waren sich sehr schnell alle darüber, daß der ihnen an Bord vorgesetzte „Fraß" bestenfalls für unverwöhnte Schweine geeignet war. Zum Glück dauerte die Überfahrt nach Algerien nur 36 Stunden.

Frühmorgens machte der Dampfer im Hafen von Oran fest. Bald sandte die Sonne vom Himmel ihre glühende Hitze. Auf der Hafenpier kaufte Adolf von einem Eselskarren für 5 Franc einen ganzen Arm voll reifer Orangen, die er sogleich alle hintereinander aufaß und die sein Gesamtbefinden spürbar besserten. Dann wurden von Legionären zweirädrige Karren, vor die man Maultiere gespannt hatte, herbeigeführt. Darauf verluden die Neuen alle ihre Bündel mit persönlicher Habe. Anschließend marschierten sie in ihren dicken Wintermänteln sowie mit umgehängter Wolldeckenrolle und Brotbeutel unter der afrikanischen Sonne den steilen Berg hinauf zur Stadt. Adolf war fasziniert und hatte nur Augen für die völlig neue Welt, die sich vor ihm auftat: Die Menschen und ihre Kleidung, Tiere, Gebäude, Fahrzeuge und alles andere ließen ihn immer wieder innerlich aufjubeln: „Jetzt bin ich im Orient – wo wird es als nächstes hingehen?!" Die Unterzeichnung seines endgültigen Vertrags mit der Fremdenlegion, das wußte er bereits, wartete in der Stadt Sidi Bel Abbes auf ihn. Aber ein Zurück gab schon jetzt nicht mehr. Und es war auch gar nicht sein Wunsch.

„Die kriegen mich nicht kaputt!"

In Oran blieben die Männer nur einen Tag und eine Nacht in einer kleinen Durchgangskaserne. Am nächsten Morgen ging es auf dem offenen Lastwagen weiter nach Sidi Bel Abbes. Während der 120 Kilometer langen Fahrt sah Adolf streckenweise nichts als Orangen- und Olivenbäume so weit das Auge reichte. Sidi Bel Abbes erwies sich als eine typisch arabische Stadt. Doch unter den Menschen auf der Straße sah man manches europäische Gesicht. Das Kasernentor wurde hier auffallend schnell hinter den einfahrenden Männern geschlossen. Auch dies werde für sie nur ein Durchgangslager sein, hatte man ihnen vorher zu verstehen gegeben. Drinnen herrschte jedoch sogleich ein ganz neuer Ton: Nie zuvor waren die Befehle in so schrillem Diskant herausgeschrien worden, in jedem Wort eines diensthabenden Legionärs steckte eine bis dahin unbekannte Schärfe.

Die Männer erhielten ihre Unterkünfte. In jeder war Platz für 24 von ihnen. Dann wieder die bekannte Prozedur: Duschen! Entlausen! Wäre doch nur die gesamte Kaserne in gleicher Weise auch gründlich entwanzt gewesen! – dachten Adolf und seine Kameraden. Anschließend hatten sie anzutreten, um ihre erste regelrechte Legionärsuniform in Empfang zu nehmen, die dann ihre Einkleidung für die gesamte Grundausbildungszeit sein sollte. Danach durften die Neuen ihren endgültigen Vertrag über ihr Engagement bei der Fremdenlegion unterzeichnen, wobei ihnen sofort klargemacht wurde, daß der Vertrag erst drei Monate nach der Unterzeichnung wirklich rechtskräftig werden würde. Adolf unterschrieb wie alle anderen und wunderte sich im stillen, daß es bereits in Sidi Bel Abbes bei verschiedenen Kameraden zu ersten Ausbruchsversuchen kam.

Nicht jeder mochte die ungewohnt gespannte Atmosphäre verkraften. Von denen aber, die ausreißen wollten, wurden die allermeisten irgendwo draußen wieder eingefangen und in die Kaserne zurückgebracht, wo man sie zunächst mit zwei Wochen, nach weiteren Versuchen mit noch mehr Haft bestrafte. Adolf sah das Weglaufen als widersprüchlich an. Hatte er sich einmal verpflichtet, so hatte er auch dabei zu bleiben. Das war für ihn eine Selbstverständlichkeit. Im übrigen träumte er weiterhin von Indochina – so nannte man damals das Land, was heute als Vietnam bekannt ist – und sagte sich, daß alles, was er vorher durchzumachen habe, eben nur vorübergehend sei und ihn letztlich ja nur dem ersehnten fernen Land näher bringen würde. Daß er da draußen dann Teilnehmer am Indochinakrieg werden würde, war ihm aus genügend Gesprächen inzwischen bewußt geworden, aber es störte ihn überhaupt nicht. Krieg und Umgang mit Waffen sowie Explosivkörpern war ihm von seiner Kindheit her vertraut. Nicht klar war ihm dabei, daß das, was er in Sidi Bel Abbes erlebte, im Vergleich zu dem, was ihn in der Grundausbildung bei der Legion erwartete, ein reines Kinderspiel war.

Noch viel weniger im klaren war er sich darüber, was es bedeutet, in einem frontenlosen Krieg modernen Zuschnitts seine Haut, sprich: sein Leben zu Markte zu tragen. Mit dem unbeschwerten Mut eines großen Jungen, der sich innerlich unbewußt dem Erwachsenwerden verweigert, stürmte er voran und ließ die Dinge auf sich zukommen, wie sie eben kamen. Längst hatte er gemerkt, daß seine körperliche Konstitution ein wenig über dem Durchschnitt dessen lag, was die Legion forderte und die meisten anderen zu bringen im Stande waren. So war der gesamte Drill in all seiner brutalen Härte für ihn keine Frage des Durchhaltevermögens. Während Kameraden hier und da im Staub liegenblieben und, mit heraushängender Zunge, um Atem rangen, konnte er noch im Kriechen und Hüpfen zwischen den Zähnen hervorpressen: „Die kriegen mich nicht kaputt!" Das erlebte er, nachdem die eine Woche Aufenthalt in Sidi Bel Abbes vorbei war, bei seinem neuen „Haufen", der 3. Ausbildungskompanie des 1. Fremdenlegionärsregiments in der algerischen Stadt Mascera.

Hier traf Adolf auf Ausbilder, Offiziere und Unteroffiziere aus verschiedenen Nationen – darunter auch Deutsche, die vom Zweiten Weltkrieg übriggeblieben waren. Sie waren ehemalige Soldaten, SS-Leute und sonstige Hakenkreuz-Idealisten, die zumeist die Hölle eines französischen Kriegsgefangenenlagers hinter sich hatten und in die Legion gegangen waren, um zu überleben, die den Zusammenbruch all ihrer am Dritten Reich hängenden Träume sowohl seelisch wie auch verstandesmäßig nicht verkraftet und bei alledem eines gemeinsam hatten: Nach der Schule hatten sie nie etwas anderes als das Waffenhandwerk gekannt. So hatten sie für ihr eigenes Engagement in der Legion genügend Gründe vorzubringen und hielten deshalb den Neuen, die sich aus einem Europa im Wiederaufbau im allgemeinen und einem Westdeutschland des Wirtschaftswunders im besonderen davongemacht hatten, hohntriefend entgegen: „Ihr seid doch nur hier, weil ihr faul und arbeitsscheu seid! Arbeitsscheu und faul!" Ein anderer beliebter Anschnauzer lautete: „Was hat dich überhaupt hierher getrieben? Hast wohl deiner Mutter den Geldbeutel geklaut, wie?!"

Die deutschen Ausbilder gehörten, das bekam man sehr schnell zu spüren, zu den schlimmsten Schleifern. Unter ihnen lernte Adolf, mit Gewehr und Maschinengewehr, Pistole und Maschinenpistole, Bajonett, Handgranate und jeglichem Waffengerät umzugehen, bis er die entsprechenden Bewegungen nachts im Traum ständig wiederholte. In der glühenden Sonne Afrikas machte man aus ihm und seinen Kameraden Spezialisten für den Partisanen-Nahkampf in Indochina. Dabei durften sie die großen hölzernen Schießscheiben von mächtigem Gewicht selber über den Schießübungsplatz schleppen, wobei der Schweiß in Strömen über den Körper floß. Vor allem auf dem Truppenübungsplatz wurden die Neuen bis an die allerletzte Grenze ihrer Belastbarkeit geschliffen: Deckung! Auf, vorwärts! Deckung! Auf, vorwärts! Und dann zum Schluß über ein sadistisch ausgeklügeltes System von Spring- und Kletterhürden.

Während der übrigen Zeit gab es ebenfalls nicht eine einzige freie Minute: Kartoffelschälen, Toilettenreinigen, Papier und Zigarettenkippen auflesen. Überhaupt war Sauberkeit oberste Pflicht. Darin entwickelten die Neuen sehr bald, ohne daß sie dazu besonders angetrieben wurden, eine eigene Disziplin. Entdeckten sie unter sich einen, der sich nicht gründlich genug gewaschen hatte, so holten sie ihn gewaltsam aus dem Haus, steckten ihn draußen auf dem Hof in einen Wasserbottich und bearbeiteten ihn mit einer Wurzelbürste, bis er „rosig" wie ein neugeborenes Baby aussah. Das Essen war, erinnert sich Adolf Karos noch heute, bei alledem „mittelmäßig bis schlecht". Nicht selten hatten sich die Neuen einer besonderen Schikane des Unteroffiziers vom Dienst zu beugen: Mit gefülltem Eßgeschirr mußten sie in der Hocke über den Hof hüpfen – von dem wenigen, was dabei noch im Geschirr blieb und nicht herausfiel, durfte nur je ein Löffel voll gegessen werden, wenn der Unteroffizier es befahl. Die jungen Männer behielten hungrige Mägen und lernten dabei – von der Legion vollauf beabsichtigt –, grenzenlos zu hassen.

Worüber Adolf sich sehr wunderte, weil er nie zuvor davon gehört hatte, war auf der anderen Seite das Verhalten der Kompaniechefs, die von Zeit zu Zeit jeden einzelnen ihrer Schutzbefohlenen herbeizitierten und sie nach ihren Verbindungen zum Elternhaus fragten. „Uns ist aufgefallen, daß du nie Post von daheim bekommst", wurde dem Adolf vorgehalten, „warum schreibst du selber nicht nach Hause?" Es kam noch stärker mit derartig soldatischer Seelsorge: „Bist du katholisch oder evangelisch? Du solltest am Sonntag den Gottesdienst beim Feldgeistlichen besuchen!" Adolf drückte sich sowohl vor dem einen als auch vor dem anderen. Obgleich es ihm mehrfach hart ans Herz ging, wenn Kameraden freudestrahlend Briefe aus dem Elternhaus öffneten und dann in der Stadt ein Foto von sich machen ließen, um dies nach Hause zu schicken, und obwohl er während der knallharten Ausbildung einige Fälle schweren Heimwehs zu überstehen hatte, mochte er sich nicht überwinden, denen zu Hause ein Lebenszeichen zukommen zu lassen.

Und wieder ging's hinaus. Die Schießübungen fanden oftmals weit außerhalb statt. Märsche bis zum Schießplatz von 25 bis 30 Kilometern waren an der Tagesordnung. Einzelne Kameraden brachen in der Hitze keuchend und weinend zusammen. Adolf gehörte zu denen, die noch genug Reserven in sich hatten, um den Schlappmachern unter die Arme zu greifen und sie mitzuschleifen. Liegenbleiben gab es nicht, durfte es nicht geben. Sich beim Sanitäter melden oder gar ins Lazarett gehen war gleichbedeutend mit einem halben Selbstmord. Nach vier Monaten neigte sich die Grundausbildung dem Ende zu. Während der letzten 14 Tage gab es nur noch Wiederholungsübungen. Plötzlich lockerte sich der gesamte Ton, erste Freundschaften mit zuvor verhaßten Unteroffizieren wurden geschlossen. Und abends beim Lagerfeuer erzählten einige alte Haudegen von spannenden Einsätzen in Madagaskar oder Indochina. Adolf Karos: „Später tat es uns um den harten Drill keineswegs leid. Daß man uns so hingekriegt hatte, war für uns absolut von Vorteil." Vorteilhaft war für ihn in alledem auch, daß er früher bereits einigermaßen gut Französisch gelernt hatte. Das bewahrte ihn vor viel Unbeholfenheit mangels Verständigung und somit vor manchen Fußtritt.

Der letzte Akt in Mascera war die Aufteilung der jungen Legionäre in verschiedene Regimenter für verschiedene Länder der Erde. Anschließend ging es abermals auf offenen Lastwagen zurück nach Algier. Dort wurden Adolf und einige seiner Kameraden auf M. S. „Oregon", einem ehemaligen deutschen Lazarettschiff, in Bewegung gesetzt. Unterwegs von Mascera nach Algier hatte er sich mit einem anderen deutschen Fremdenlegionär angefreundet. Alfons Hahnefeld, ein aus Leipzig gebürtiger Sachse und etwa im gleichen Alter wie Adolf, war einige Monate vor ihm bei der Legion „eingestiegen" und hatte sich unmittelbar nach seiner Grundausbildung in Sidi Bel Abbes eine Zeitlang im gemütlichen Job eines Maultierkutschers „ausgetobt". Adolf merkte schnell, daß Alfons auf der einen Seite eine treue Seele und ein verläßlicher Kamerad, auf der anderen Seite für jeden fröhlichen Unsinn zu haben war. Jetzt waren sie zusammen auf dem Weg nach Indochina – und sie ahnten noch nicht, daß sie noch viele Stationen ihres Lebens gemeinsam durchzustehen haben sollten und sich noch nach Jahrzehnten wiederbegegnen würden.

Auf M. S. „Oregon" gefiel es ihnen gut. Der Dampfer war, für die Verhältnisse eines Legionärs, sehr gut eingerichtet. Das Essen war ausgezeichnet. Irgendwo im Suezkanal in einem der Bitterseen kaufte Adolf sich zwei Ansichtskarten von dem Schiff und schrieb auf die erste die Adresse seiner Eltern in Hermeskeil. Dann folgte der Text: „Auf diesem Schiff bin ich auf der Durchfahrt durch den Suezkanal. Es geht mir bestens. Es grüßt Euch Euer Sohn/Bruder Adolf." Die zweite Karte sandte er gleichzeitig mit fast gleichlautendem Text an eine junge Hermeskeiler Bürgerin namens Helga, von der er schon früher und auch noch während seiner Zeit bei der Legion immer gern geträumt hatte. Welchen Wirbel die beiden Karten um den spurlos Verschwundenen und Vermißten in der kleinen Hunsrück-Gemeinde auslösten, erfuhr er erst einige Jahre später. Zunächst steamte die „Oregon" durch das Rote Meer und legte in Djibouti am Horn von Afrika an, um dort einige Tage lang Treibstoff und Wasser zu bunkern. Hier gab es für Adolf wieder viele neue

Dinge zu bestaunen: Eine Flasche Whisky kostete beim Einkauf nur halb so viel wie eine kleine Flasche Orangensaft. Nachts schliefen die Menschen bei rund 40 Grad Hitze zusammen mit ihren Ziegen und Schafen auf der offenen Straße.

Dann dampfte das Schiff hinüber zum Persischen Golf. Im Indischen Ozean erlebten sie einen sechs Tage andauernden Sturm, bei dem keiner mehr einen Pfifferling für das Überleben des Schiffs und der Passagiere gab. Von seiner sonnigen Seite zeigte sich das Leben wieder im Hafen von Colombo auf der Insel Ceylon, dem heutigen Sri Lanka, wo die Legionäre preiswert Wassermelonen und Schuhe einkaufen konnten. Auch tauschten sie hier ihre französischen Franc bei besonders günstigem Kurs gegen englische Pfundnoten ein, weil die in Indochina mehr gefragt waren als Franc – den Grund für den günstigen Wechselkurs fanden sie spätestens in Saigon heraus: Mindestens die Hälfte des britischen Geldes waren „Blüten" aus ceylonesischen Fälscherwerkstätten ... Weiter ging die Fahrt dicht an der Insel Sumatra vorbei, wo die Legionäre während einer ganzen Nachtfahrt einen feuerspeienden Berg beobachten konnten. Bald schob sich der Dampfer durch die Straße von Malakka an Singapur entlang und ins Chinesische Meer, und am Abend des 27. August 1952 ging die „Oregon" bei Cap St. Jacques in der Mündung des Saigon-Flusses vor Anker.

Am späten Nachmittag des nächsten Tages machte das Schiff an der Pier in Saigon fest, die Legionäre bekamen die Erlaubnis zum Landgang. Wieder erlebten sie inmitten einer bis dahin unbekannten Menschenrasse und ihrer Lebensformen, Gebäude, Fahrzeuge eine völlig neue Welt. Das also war das lang ersehnte und erträumte Indochina. Adolf sah sich zunächst am Ziel seines Weges, war sich im selben Augenblick aber auch bewußt, daß er dadurch keine

Ruhe finden, sondern wieder neue, weitere Ziele ansteuern würde. Nach einer Woche wurde er zusammen mit drei Kameraden 120 Kilometer nordwestlich von Saigon nahe an die Grenze zu Kambodscha verlegt. Dort bekamen sie den Auftrag, ·eine viele Quadratkilometer große Kautschukplantage der Autoreifenfirma Michelin zu bewachen. Besonders froh war Adolf darüber, daß auch der Alfons mit von der Partie war.

In den Plantagenanlagen standen einige kleine Villen, die ehemals für die Michelin-Ingenieure errichtet worden waren. Hier quartierte man jetzt die Fremdenlegionäre ein. Das ganze Gelände war von viel Stacheldraht eingezäunt. Und weiter draußen im Busch waren Wachen postiert worden, um heranrückende feindliche Kräfte früh genug zu melden. Am Rand der Plantagen, nur durch den Stacheldraht und eine schmale Straße davon getrennt, lag das Bambushüttendorf Dau Tieng. Das erste, was man Adolf und seinen Kameraden dort beibrachte, war das Steuern eines leichten offenen Panzers, des britischen „Brenn-Carrier". Das war ziemlich schwierig, denn Autofahren hatten die Legionäre noch nicht gelernt. Nun aber mußten sie in aller Kürze begreifen und praktisch einüben, wie sie mit einem Vollkettenfahrzeug umzugehen hatten, in das sich bei einem Einsatz vier bis fünf Mann hineinzwängen mußten. Immer wieder waren die Michelin-Plantagen von kommunistischen Partisanen, den Vietminh, überfallen worden.

Vor derartigen üblen Überraschungen sollten die Legionäre den großen eingezäunten Bereich nunmehr schützen. In jenem Indochinakrieg gab es keine klare Kriegsfront, auch nicht die Andeutung davon, sondern nur eine ideologische Frontenteilung: Drüben waren es die Kommunisten, sprich: die Vietminh und ihre Hilfstruppen – hier waren es die Antikommunisten in Gestalt der Fremdenlegion, offizieller französischer Streitkräfte und Saigoner Truppenteile. Adolf und seine Kameraden gehörten zu 13. Halb-Brigade (die Brigade war, zusammen mit den Engländern, im Zweiten Weltkrieg in Norwegen gegen die Deutschen aufgestellt worden; die andere Hälfte der Brigade war britisch und hielt sich nicht in Indochina auf). Jeder der leichten „Brenn-Carrier" war nur mit einem überschweren Maschinengewehr und einem Granatwerfer ausgerüstet.

Gleich am ersten Sonntag nach der Ankunft ging es los: Die Legionäre lagen schon im Bett, als gegen 21.30 Uhr schriller Alarm sie aus dem Schlaf riß. Draußen fiel unaufhörlich der Monsunregen. Wegen der auch nachts herrschenden drückenden Hitze lagen die Männer unbekleidet auf ihren Betten. Adolf sprang schlaftrunken hoch, zog sich eine Unterhose an, warf sich einen Regenmantel um, griff nach seinem Gewehr und mehreren Patronen und stürmte hinaus. Der Fahrer des Panzers saß schon an seinem Platz und ließ das Gefährt anrollen, während die anderen noch verzweifelt kämpften, um ihre Arme und Beine an den richtigen Platz zu bekommen. Knapp zehn Kilometer entfernt draußen im Busch war Posten Nr. 7 überfallen worden. Der Alarm war ausgelöst worden, nachdem einer von der fünfköpfigen Besatzung des Postens eine Leuchtkugel in die Luft geschossen hatte.

Als der „Brenn-Carrier" an den Bambushütten von Dau Tieng vorbeirollte, krachte den Legionären aus den Straßen und Gassen des Dorfes eine Welle von einzelnen Schüssen sowie ganzen Maschinengewehrsalven entgegen. Zwischendurch flogen auch Leuchtkugeln durch die Luft. Der Feind wollte möglichst gut sehen, auf wen er da zielte. Menschen konnten die Legionäre nicht sehen. Adolf zog den Kopf ein. In ihm kroch eine wahnsinnige Angst hoch. Seine Hände und Knie schlotterten. Mit großer Kraftanstrengung gelang es ihm, sein Gewehr zu laden. Dann ballerte er wahllos fünf Schüsse in die Dunkelheit hinein – die ersten in seinem Legionärsdienst im Rahmen einer kriegerischen Auseinandersetzung überhaupt. Danach plötzlich, er mußte selber ein wenig darüber staunen, gewann er seine alte Ruhe wieder. Bald erreichten sie den Posten, der um Hilfe gerufen hatte. Zwei von den Kameraden waren verletzt, die anderen drei hatten nichts abbekommen. Die fünf Legionäre hatten rund anderthalb Stunden lang gegen schätzungsweise 150 Vietminh ausgehalten.

Von da an verging kaum ein Tag, an dem es rings um die Kautschukplantagen nicht irgendeinen Einsatz gab. Immer wieder fielen Schüsse, wurde eine Handgranate über den Stacheldraht geworfen. Nicht selten kamen die Angriffe aus Dau Tieng. Am 11. Dezember 1952 hatten Adolf und seine Kameraden wieder einmal einen Blitzeinsatz zu einem angegriffenen Außenposten zu fahren. Irgendwo mitten auf der Strecke spürten die Männer plötzlich einen unbeschreiblichen Knall. Dann war alles schwarz um sie her. Früh am nächsten Morgen kam Adolf wieder zur Besinnung und fand sich in einem Lazarett in Saigon wieder. Sein „Brenn-Carrier" war auf eine Mine gefahren und in die Luft geflogen. Überlebt hatten sie alle, jedoch mit teils erheblichen Verwundungen. Adolf selbst hatte auf dem Rücken und an den Schultern mehrere Splitter abbekommen und sich beide Handgelenke gebrochen.

Die Linke bis zur Schulter hinauf in Gips gepackt, die Rechte stark in Bandagen gelegt, fand er das Leben gar nicht schön. Obwohl man es ihm im Lazarett an nichts fehlen ließ und er sich auch nicht beklagte. Aber ein junger Kerl wie er brauchte sein bestimmtes Maß an Bewegungsmöglichkeit. Nun saß er fest und mußte sich bei nahezu jeder Kleinigkeit – Anziehen, Ausziehen, Waschen – von einer

Krankenschwester helfen lassen. Ob er Indochina noch einmal als ein so „wunderschönes Land" beschrieben hätte, wäre sehr fraglich gewesen. In der Tat: Adolf Karos, der große Ausreißer und Springinsfeld, hatte an jenem ersten Sonntag in seiner Plantagenvilla sich aufgerafft und einen drei Seiten langen Brief nach Hause geschrieben. Endlich erfuhren seine Eltern, wo er sich überhaupt aufhielt – und sofort ließ er große Töne vom Stapel: Niemand solle versuchen, ihm Vorwürfe zu machen, so der damals 19jährige, und „ich stehe auf meinen eigenen Füßen, ich weiß, was ich tue". Nicht nur, daß er damit seine Mischung aus schlechtem Gewissen und uneingestandenem Heimweh kaschierte. Adolf hing obendrein dem naiven Glauben an, die Seinen würden es ihm abnehmen und ihn beneiden, wenn er prahlte, er befinde sich nun „im schönsten Land der Erde".

Im Lazarett fiel Adolf nichts Besseres ein, als die Zeit durch weiteres Schreiben zu nutzen. Er klemmte auf einem Tisch ein Blatt fest, hielt zwischen der Gipshand und der dick verbundenen anderen Hand fast senkrecht einen Stift und schrieb Grüße an seine Geschwister. Es ging sehr langsam voran, aber Zeit hatte er ja genug. Bei alledem hielt er es in der Krankenstation nicht länger als eine knappe Woche aus. Dann ließ er sich zurück in die Kautschukplantagen bei Dau Tieng bringen. Hier dauerte es noch vier Wochen, bis er wieder ganz hergestellt war. Aber er fühlte sich unter seinen Kameraden wohler. Und wenn sie zwischendurch miteinander Fußball spielten, dann war der Adolf – Gipsverpackung hin, Bandagen her – nicht mehr zu halten.

Weihnachten 1952 stand vor der Tür. Unter den Soldaten begann eine kritische Zeit. Das Heimweh nahm zu. Auch der Alkoholkonsum. Adolf und sein Freund Alfons Hahnefeld kamen auf eine gloriose Idee: Sie zeichneten mit viel Liebe eine eigene Weihnachtskarte und sandten sie mit entsprechenden Weihnachtsgrüßen an den damaligen deutschen Bundespräsidenten Theodor Heuss in Bonn. Riesengroß war die Freude, als sie Ende Januar 1953 von ihm persönlich handgeschrieben ein freundliches Wort des Dankes erhielten. Am Heiligabend wurde sichtbar, wieviel Heimatverbundenheit und christliche Tradition in den rauhen Gesellen noch übriggeblieben war. Ein nach allen Seiten fächerförmig auseinanderfallender Tujabaum, mit selbstgeschnittenem Lametta behängt, diente als Weihnachtsbaum. Einer der Legionäre, dem ein wenig Künstlernatur mit in die Wiege gelegt worden war, hatte aus Lehm – wovon es rund um Dau Tieng mehr als genug gab – die weihnachtliche Krippenszene modeliert und die Figuren hinterher auch angemalt.

Zu essen gab es diesmal genau das gleiche, was es immer gab, nur so ausreichend, daß es für den Bärenhunger der jungen Männer wirklich ausreichte: Linsensuppe mit Konservendosen-Rindfleisch aus Madagaskar (letzteres waren sie infolge des Dauergenusses bereits so leid, daß sie es aus Spott nur noch „Affenfleisch" nannten), dazu Obst, Lebkuchen und anderes trockenes Gebäck. Zu trinken gab es ebenfalls mehr als ausreichend, nämlich Wein, Bier und Cognac. Der einzige, dem jeglicher Alkohol widerlich war und der den Stoff deshalb auch nicht anrührte, war Adolf Karos. In der von einem als „trinkfest" bekannten Hauptfeldwebel geleiteten Truppe von rund 50 Mann hatte sich Adolf den Spitznamen „Limonadinger" eingehandelt. Und er war nicht traurig darum. Obwohl aus mehreren Nationen kommend, sangen oder gröhlten sie unter ihrem Weihnachtsbaum ausschließlich deutsche Weihnachtslieder; denn die kannten sie alle.

Alles was bei der Fremdenlegion gesungen wird, ist nahezu nur deutsches Liedesgut, größtenteils sehr exakt ins

Französische übersetzt. Dabei handelt es sich vor allem um die Marschlieder. So waren auch die deutschen Weihnachtslieder da draußen in Asien auf der großen Kautschukplantage für die Legionäre eine Selbstverständlichkeit. Irgendwann spät vor Mitternacht rollte leise ein Jeep vor. Der Regimentskommandeur, ein französischer Oberst, stieg aus, um den Männern ein frohes Weihnachtsfest zu wünchen. Dann fuhr er weiter zur nächsten Truppe. Irgendwie hatten sie alle an jenem Abend „den großen Moralischen". Die einen starrten vor sich hin und schwiegen, hier und da erzählte einer, wie schön es früher in der Kindheit Heiligabend zu Hause gewesen war. Andere fluchten vor sich hin. Einzelne versuchten immer wieder einmal, ein Lied anzustimmen. Volltrunken waren sie am Schluß so ziemlich alle – außer Adolf. Und was das schönste an der Heiligen Nacht 1952 war: Der Feind hielt Ruhe.

Die Truppe, zu der Adolf gehörte, hielt im Bereich Dau Tieng bis August 1953 die Stellung. Immer wieder kam es zu bewaffneten Auseinandersetzungen, manchmal sogar schweren Gefechten, bei denen auch die Legion Verwundete und sogar Tote zu verzeichnen hatte. Es war ein reiner Partisanenkrieg. Die Legionäre mußten laufend Waldgebiete, Reisfelder oder Bambusdörfer durchkämmen, um Kämpfer der Vietminh aufzustöbern, auf sie zu schießen oder sie zumindest zu vertreiben. Ein schmutziger Krieg mit üblen Tricks. Kamen die Legionäre in ein menschenleeres Bambusdorf und stieß einer von ihnen die Tür eines Hauses auf, so konnte es passieren, daß eine Handgranate, deren Auslöser durch einen dünnen Bindfaden mit der Tür verbunden gewesen war, Sekunden später detonierte. Gefürchtet waren auch die Granatwerfer der Vietminh.

Größte Schwierigkeiten hatten die Fremdenlegionäre auch mit den von ihnen so bezeichneten „Ho-Chi-minh-Pan-

Ein sogenannter „Ho Chi Minh-Panzer" mit Besatzung

zern". Dabei handelte es sich um starke Büffel, die norma-
lerweise bis zum Bauch im schlammigen Wasser eines Reis-
feldes standen und den Pflug zogen und jeden Asiaten auf
sich reiten ließen, jedoch seltsamerweise schon beim Ge-
ruch eines Europäers wild wurden. Nicht selten hatten die
Vietminh, bevor sie sich vor den heranrückenden Legionären aus dem Staub machten, solche Reisbüffel in die Bambushütten eines Dorfes gesperrt. Die Tiere hielten darin
friedlich aus, bis ihre Nüstern sich unter der Witterung von
Europäern zornig blähten. Und dann gab es kein Halten
mehr. Die Hütten zersplitterten unter ihren Hufen, und die
Legionäre rannten um ihr Leben, bis sie affenschnell auf den
nächsten höheren Baum klettern konnten. Auf so eine
Bestie zu schießen war sinnlos, solange man nicht exakt die
Mitte der Stirn traf. Jeder andere Schuß machte den Büffel
nur noch um so wütender.

Am meisten gefürchtet jedoch waren die Bambuslöcher.
Auf Zufahrtswegen zu Ortschaften, vor allem aber auch auf
schmalen Urwaldpfaden hatten die Vietminh rund 2 Meter
tiefe Gruben ausgehoben, am Boden mit meterlangen na-
delspitzen und schräg in alle Richtungen zeigenden Bam-
busstäben bestückt und oben durch eine raffinierte Abdek-

kung mit dünnen Zweigen so gut wie unsichtbar gemacht. In besonderer Gefahr waren die beiden Legionäre, die einem Zug etwa 50 Meter voranmarschierten, wobei der eine mit den Augen den Boden nach Minen und Bambuslöchern absuchte, der andere die Bäume nach möglichen Heckenschützen beobachtete. Wenn einer von ihnen plötzlich senkrecht im Boden verschwand und von den Bambusspießen durchbohrt war, schrie er zumeist mit letzter Kraft seinem Kameraden zu: „Bitte, erschieß mich!" Denn jeder wußte, daß es für ihn keine Rettung mehr gab, weil der Bambus auf seiner Außenhaut, ähnlich wie die Grannen einer Roggenähre, ungezählte feine Widerhaken hat und das Herausziehen eines Bambusspießes Wunden reißt, die durchweg unheilbar sind. Adolf war zwar nie unmittelbar dabei – aber er wußte, daß in vielen Fällen der letzte Wunsch eines ins Bambusloch gefallenen Kameraden sofort erfüllt wurde ...

Alles wurde schlagartig anders, als im August 1953 der Befehl kam: Aufbruch in Richtung Norden. In Dien Bienphu sollten massiv Streitkräfte zusammengezogen werden, um dort den berüchtigten Ho-Chi-minh-Pfad wirksam zu unterbrechen und von dieser Basis her auch weitere Offensiven zu starten. Die „Brenn-Carrier"-Panzer blieben in den Kautschukplantagen von Dau Tieng. Per Lastwagen wurden die Legionäre zunächst ins 80 Kilometer südwestlich gelegene Tram Bang gebracht, wo es zwei Tage Aufenthalt gab. Hier traf den Adolf der große Schreck, als er den Auftrag erhielt, den Chef der Stabskompanie mit einem Jeep hinauf nach Tonking chauffieren zu dürfen – eine etwa 600 Kilometer lange Tour durch Kambodscha und Laos, vorwiegend über Urwaldpfade den großen Mekongfluß entlang. Das einzige motorisierte Fahrzeug, das zu bedienen Adolf je gelernt hatte, war der „Brenn-Carrier".

Abends in der Dunkelheit drückte man ihm die Papiere

eines Jeeps in die Hand. Neinsagen gab es bei der Legion nicht. Adolf marschierte in die Finsternis hinein und suchte so lange, bis er den entsprechenden Jeep gefunden hatte. Einen Zündschlüssel brauchten diese Autos nicht. Ein Druck auf den Anlasserknopf genügte. Der angehende Chauffeur faßte das Lenkrad an und war sich in dem Augenblick bewußt, daß er ein solches noch nie im Leben in den Händen gehalten hatte. Wo das Gaspedal war, wußte er sofort. Er trat darauf, und der Motor brüllte auf. Adolf faßte Mut. Ein wenig mußte er doch erst üben. Er fuchtelte mit dem Hebel für die Gangschaltung herum, versuchte mit dem linken Fuß ein weiteres Pedal, und plötzlich machte der Jeep wie ein wildgewordener Ziegenbock einen mächtigen Satz nach vorn. Adolf sah eine Mauer auf sich zukommen. Er reagierte exakt wie im Panzer, dessen Ketten abgebremst und blockiert wurden, wenn man die entsprechenden Bremsknüppel an sich zog. Adolf zog mit aller Kraft am Lenkrad. Aber da war es schon zu spät. Der Jeep prallte voll in die Mauer hinein.

Der Knall schreckte andere Legionäre auf, die aus den nahe gelegenen Gebäuden angelaufen kamen. Dann gab es ein großes Gelächter, vor allem auch darüber, daß das Fahrzeug für den Chef der Stabskompanie jetzt bereits eine so hübsch verbeulte Front aufzuweisen hatte. Dann erbarmte sich ein Stabsgefreiter über das führerscheinlose Greenhorn und verpaßte ihm einige Stunden lang Fahrunterricht. Den Rest der Nacht konnte Adolf vor Aufregung nicht schlafen. Früh vor Sonnenaufgang hatte er den Jeep mit Funkgerät, persönlicher Habe und einem Gewehr zu beladen. Dann kam der Chef der Stabskompanie, der aus dem Elsaß gebürtige Capitain Krummenacker, und setzte sich neben ihn. Los ging die Fahrt. Mit noch größerem Schreck mußte Adolf feststellen, daß sein Fahrzeug einen kilometerlangen Konvoi von Militärautos verschiedener Größen anführte.

Nach einer guten halben Stunde erreichten sie Saigon. Es war gegen 7 Uhr. Die Stadt war gerade dabei, den Nachtschlaf abzuschütteln. Der junge Chauffeur nahm zum erstenmal in seinem Leben bewußt Verkehrsampeln und -schilder wahr, wußte jedoch nicht, was sie zu bedeuten hatten. Völlig verkrampft hielt er sein Lenkrad fest, nicht selten fuhr er zickzack durch die Straßen. Während ihm vor Aufregung die Haare zu Berge standen, schielte er einmal kurz zu Capitain Krummenacker hinüber. Der beobachtete seinen verzweifelten Fahrer, war die Ruhe in Person und schien sich still zu amüsieren. So zog sich die Fahrt, die nicht zu enden schien, dahin. Am zweiten und dritten Tag wurde Adolf schon etwas sicherer. An verschiedenen Streckenabschnitten erhielt der Konvoi wegen besonderer Gefahren Panzergeleit. Nach vier Tagen kamen sie an der thailändischen Grenze zu einem winzigen Bambusdörfchen namens Savannakhet, zu dem ein Flugplatz gehörte.

Hier wurden die zum Konvoi gehörenden Jeeps samt Besatzungen in eine propellergetriebene DC-3, eine „Dacota", verladen. Zum erstenmal im Leben bewegte Adolf sich durch die Lüfte – für den 20jährigen Jungen vom Hunsrück eine faszinierende Sache. Nach zwei Stunden landete die Maschine auf dem Flughafen „Bakninh" bei Hanoi. In Savannakhet hatte sich Adolf von seinem Freund Alfons Hahnefeld verabschiedet, der einen Stabsfunkwagen steuerte und mit dem Konvoi weiter nach Norden zog. Mit dem Jeep brachte Adolf seinen Capitain durch Hanoi und auch über die Pont Doumer, die über den Roten Fluß führende, damals Asiens längste Brücke. Adolf gehörte von da an zu der einen Hälfte des Regiments, die im Raum Hanoi sowie im Delta von Haiphong die gewohnten Partisanenkämpfe fortzusetzen hatte. Die andere Hälfte wurde nach Dien Bien-phu gesandt.

Am 13. März 1954 traf sie alle wie ein Blitzschlag aus heiterem Himmel die Nachricht von der völlig überraschenden Großoffensive des Vietminh auf die Festung Dien Bienphu. Vor allem den Posten „Isabelle" hatte der Gegner unter Beschuß genommen. Sieben hohe Offiziere wurden getötet, darunter auch der Kommandeur der 13. Halbbrigade der Fremdenlegion, Colonel Gaucher. Adolf lag zu jener Zeit in Hadong, südwestlich von Hanoi, als er vom Tod seines obersten Truppenchefs erfuhr. Täglich trafen weitere Verlustmeldungen ein. In Dien Bien-phu sah es übel aus. Der Vietminh konzentrierte offenbar alle seine Kräfte auf diesen einen Punkt, um ihn in seine Gewalt zu bringen. Bald wurde bekannt, daß der ganze Ort nahezu ständig unter Beschuß stand, völlig eingeschlossen war und der Feind die Flughafenpiste zerstört hatte. Wenn für die in der Zwickmühle sitzenden Kameraden noch etwas getan werden konnte, dann nur auf dem Luftweg. Die kriegerischen Auseinandersetzungen hatten derart gnadenlose Züge angenommen, daß sogar Rotkreuz-Fahrzeuge hemmungslos unter Feuer genommen wurden.

Bald wurde es auch immer schwieriger für die französischen Piloten, ein Flugzeug heil über die feindlichen Linien hinweg so zu steuern, daß über Dien Bien-phu noch Waffen, Munition und Verpflegung abgeworfen werden konnten. Etliche dieser Versorgungsflugzeuge hatte der Vietminh bereits abgeschossen. Vor diesem Hintergrund geschah es, daß etwa zwei Wochen vor Ostern an einem Morgen Adolf und sein Zug anzutreten hatten und vorgesetzte Offiziere den Appell an sie richteten, wer sich freiwillig melden wolle, um über Dien Bien-phu mit einem Fallschirm abzuspringen und den eingeschlossenen Kameraden Hilfe zu bringen. Ein ein-

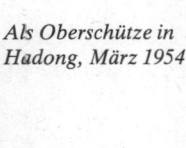

Als Oberschütze in Hadong, März 1954

ziger Legionär meldete sich – Adolf Karos. Den Schritt nach vorn hatte er getan in der festen Überzeugung, die anderen würden ebenso selbstverständlich mitmachen. Die aber schauten ihn völlig verständnislos an. Auf ihren Gesichtern stand der Vorwurf geschrieben: „Du bist ja wohl nicht mehr gerade im Kopf ...!"

Die anderen waren mehr oder weniger erfahrene Kämpfer und wußten, was sie in Dien Bien-phu erwartete. Sich da hineinsenden zu lassen, war ein ziemlich sicheres Selbstmordkommando. Und die Sache hatte noch einen besonderen Haken – keiner von ihnen hatte je einen Fallschirm aus unmittelbarer Nähe gesehen, geschweige denn mit ihm um-

49

zugehen gelernt. Adolf war bei seiner Entscheidung davon ausgegangen, daß man ihm das Fallschirmspringen vorher noch gründlich genug beibringen würde. Da er jedoch der einzige Freiwillige gewesen war, hatten sich die Offiziere schweigend abgewandt und waren gegangen. Nichts geschah. Der gerade 21jährige Held vom Hunsrück sah sich mit seiner Einsatzbereitschaft ein wenig zurückgestoßen und war verärgert, als etwa eine Woche später an einem Morgen der gleiche Appell an den Zug erging. Adolf trat wieder vor, und diesmal war er nicht allein. Eine Anzahl Kameraden meldete sich ebenfalls. Doch wieder gingen die Offiziere schweigend davon und nichts passierte.

Am Morgen des Karfreitags der gleiche Befehl: Alle Mann antreten! Wieder der Appell, sich freiwillig für einen Fallschirm-Einsatz über Dien Bien-phu zu melden. Alle 40 Männer des Zuges brachen in brüllendes Gelächter aus und meldeten sich – heiter nach dem Motto: Da wird sowieso nichts draus! Doch da hatten sie sich getäuscht. Die Offiziere nahmen die Legionäre auf der Stelle beim Wort und befahlen: Ab zum Duschen! In einer halben Stunde wieder antreten! Dann gab es eine kurze ärztliche Visite. Nahezu alle wurden für tauglich befunden und sogleich mit einem neuen Stahlhelm, Patronengurten, je vier Handgranaten, einem amerikanischen Dolch sowie einem kleinen Kampfrucksack mit notwendigster Verpflegung ausgerüstet. Ob das alles an persönlicher Bewaffnung sei, wollten die Legionäre wissen. Wenn sie erst einmal am Boden gelandet seien, lautete die ermutigende Antwort, würden sie bei den vielen Toten riesige Mengen an Waffen und Munition finden ...

Noch am Abend desselben Tages wurde der Zug zum Lazarett „Lanesan" in Hanoi gebracht, vor dem sich ein großer Platz befand. Hier waren zahlreiche Flugzeugrümpfe aufgebockt worden, und auf diesen erhielten die Legionäre anderthalb Stunden lang Ausbildung mit amerikanischen Fallschirmen. Am Ende des Unterrichts mußte ihnen jedoch beim Anlegen der Fallschirme geholfen werden, weil sie die noch nicht selber anlegen konnten. Vorausgesetzt wurde hingegen, daß sie alle mehr oder weniger heil über Dien Bien-phu damit herunterkommen würden. Gegen Mitternacht brachte man die frischgebackenen Fallschirmspringer zum Militärflughafen Bac Mai, wo ihnen noch einige Stunden Ruhe gegönnt wurden. Es gab Zigaretten und Schokolade. Adolf stellte sich innerlich darauf ein, daß die Zeit seines Dienstes als Fahrer für den Truppenchef nun zu Ende sein sollte. Capitain Krummenacker war mittlerweile durch einen anderen Offizier ersetzt worden. Dieser war ein Mann, mit dem sich Adolf ebensogut verstanden hatte wie mit dem elsässischen Capitain, hatte jedoch eine für den jungen Legionär schwer verständliche Angewohnheit: Jedesmal bevor er sich mit in den Jeep setzte und überhaupt vor jedem Einsatz blieb er kurz stehen, schloß die Augen, faltete die Hände und betete.

In der Frühe gegen 4.30 Uhr verfrachtete man die mit ihren Fallschirmen verschnürten Fremdenlegionäre in eine Militärmaschine. Noch wurde einige Zeit bis zum Start gewartet. Die Motoren liefen noch nicht. Da erschien in der Einstiegsluke ein Feldwebel: „Kradmelder Blum und Gefreiter Karos, aussteigen!" Die beiden kamen nach draußen, mußten ihren Fallschirm abgeben und wurden zu ihrer Einheit nach Hadong zurückgefahren. Hier erfuhren sie den Grund: Der Capitain hatte festgestellt, daß ohne den Kradmelder und den Chauffeur ein präziser Ablauf der militärischen Einsätze in Hadong nicht mehr gewährleistet war, und deshalb Blum und Karos kurzerhand zurückbeordert. Es war der Morgen des Karsamstag. Und bereits um 8.30 Uhr brachte Kradmelder Blum die Nachricht, daß die abgesprungenen Kameraden gut am Boden angekommen und sogar in der vorherbestimmten Stellung gelandet seien. Weitere Legionäre aus anderen Zügen sprangen am Ostersonntag und am Montag über Dien Bien-phu ab. Viele von ihnen landeten voll im immer enger werdenden Stacheldraht rings um das Kampfgebiet, etliche starben im Gewehrfeuer der Vietminh noch in der Luft, andere landeten beim Feind und gerieten sofort in Gefangenschaft. Ohne Ausnahme jedoch hatte man sie alle in aussichtsloser Lage verheizt. Am 8. Mai 1954 kapitulierte Dien Bien-phu.

Freude aufs Draufschlagen in Afrika

Bereits wenige Tage vor dem Zusammenbruch von Dien Bien-phu hatten die Legionäre im gesamten Raum um Hanoi den Befehl zum Aufbruch erhalten. Während die regulären französischen Truppen vorläufig noch in ihren Stellungen verblieben, wurde das Regiment, zu dem Adolf Karos gehörte, auf die Halbinsel Doson südlich der Deltamündung des Roten Flusses verlegt. Hier sollten die Männer, außerhalb des weiten Gefechtsgebiets, bis Mai 1955 eine relativ ruhige Zeit verbringen. Adolf nahm hier unter anderem die Gelegenheit wahr, eine viermonatige Obergefreitenschule, für deutsche Verhältnisse vergleichbar mit einer Unteroffiziersschule, zu absolvieren. Außerdem hatten die jungen Legionäre längst begriffen, daß etliches mehr als nur das Soldatenspiel notwendig war, um später den Anschluß ans normale Zivilistenleben wieder finden zu können. Adolf gehörte zu jenen, die sich allerlei Fernkurse bestellt hatten und diese auch konsequent durchzogen. Sie hatten die Lehrfächer so ausgewählt, daß sie damit auf ein gewisses schulisches Niveau kamen, um möglicherweise einmal auf ein Abitur hinarbeiten zu können. Was Adolf ehemals auf der Penne nicht hätte passieren können, holte er jetzt mit Begeisterung nach: Er paukte Latein. Zusammen mit einem deutschen Kameraden lernte er fleißig Vokabeln, anschließend hörten sie sich das Gelernte gegenseitig ab. Einen anderen wichtigen Fernkurs schloß Adolf ebenfalls ab, nämlich in Buchführung. Er wußte seinerzeit noch nicht, wie wichtig gerade diese Kenntnisse für ihn später werden sollten.

Am 29. Dezember 1954 nahm Adolf sich ein paar Tage Neujahrsurlaub und fuhr die rund 30 Kilometer nach Haiphong, um sich unter anderem beim Zahnarzt behandeln zu lassen. Als er am 2. Januar 1955 wieder in Doson bei seiner Einheit ankam, lag für ihn ein Brief seines ältesten Bruders vor. Der sandte herzliche Weihnachtsgrüße und teilte dem Legionär dann mit, daß der Vater im Juli 1954 verstorben sei. Als Grund für die Verspätung der Information gab der Bruder an, man habe in deutschen Zeitungen zu viel über die Zustände in Dien Bien-phu erfahren und sei besorgt gewesen, Adolf hätte in der schlimmen Kriegssituation von zu viel „Mut der Verzweiflung" erfaßt werden können. Die Nachricht traf Adolf wie ein Schlag vor den Kopf. Einerseits war er dem Vater aus dem Haus gelaufen. Andererseits hing er innerlich sehr an ihm. Und jetzt stand er vor der Tatsache, daß er den Vater niemals mehr würde um Verzeihung bitten können. Sofort setzte er sich hin und schrieb an den Bruder.

In seinem Brief äußerte Adolf die Hoffnung, daß der Vater ihm vergeben habe. Prompt antwortete der Bruder ihm, daß der Vater ihm vergeben und dies auch vor seinem Tode in einem Brief nach Indochina geschrieben habe – dieser Brief war jedoch nie bei Adolf angekommen. Seit der Zeit blieben die beiden Brüder miteinander in Schriftverkehr. Adolf trug es mit Schmunzeln, daß er in den Briefen seines ältesten Bruders nur noch mit „Lieber Bruder Leichtfuß!" angeredet wurde.

Ende Mai 1955 verließ Adolfs Regiment die Landschaft Tonking im Norden Indochinas. Zusammen mit zahlreichen vietnamesischen Flüchtlingen fuhren sie mit einem Schiff namens „Esperance" vier Tage lang durch das Chinesische Meer nach Saigon. Der Dampfer war so alt und wackelig, daß er bei jeder mittelschweren Meereswelle in allen Fugen und Spanten ächzte und krachte. Trotz des schönen Namens, zu deutsch „Hoffnung", hatten die Passagiere nur wenig Hoffnung, noch trocken in Saigon anzukommen. Von dort brachte man die Legionäre auf Lastwagen in die Nähe der Halbinsel Cap St. Jacques zu einem Bambusdorf. Hier in Nuoc Ngot befand sich ein kleines Durchgangslager, wo die Männer vier Wochen lang nichts anderes zu tun hatten, als faul am Strand in der Sonne zu liegen oder sich im Urwald die Zeit mit der Jagd nach Tigern zu vertreiben.

Danach ging es zurück nach Saigon. Hier gehörte Adolf zu dem Teil seines Regiments, das nun endgültig Indochina verlassen sollte. Als sie in den Hafen fuhren und sahen, mit was sie auf die Heimreise geschickt werden sollten, bekamen sie alle blanke Augen: Da lagen an den Piers drei funkelnagelneue, blitzsaubere Luxusliner: die beiden französischen Schiffe „Laos" und „Vietnam" sowie der italienische Musikdampfer „Flaminia". Adolf und die Legionäre seiner

Truppe wurden auf der „Flaminia" eingeschifft, die zuvor Auswanderer von Europa nach Australien gebracht hatte und auf dem Rückweg nach Saigon beordert worden war, um abziehende Streitkräfte mitzunehmen. Mit auf dem schmucken Schiff waren auch zahlreiche Soldaten regulärer Truppen. Für die Fremdenlegionäre war der nächste Hafen Algier. Während der ersten Tage an Bord kamen sie aus dem Staunen nicht heraus. Vornehme dicke Teppiche unter den Stiefeln zu fühlen, waren sie schon Ewigkeiten nicht mehr gewohnt. Und erst das Verpflegungsprogramm! Fast der ganze Tag war damit ausgefüllt: 7 Uhr erstes Frühstück, 10 Uhr zweites Frühstück, 12 bis 14 Uhr Mittagessen, 16 bis 17 Uhr Teatime mit Gebäck, 18 bis 20 Uhr Abendessen und anschließend bis in die Nacht hinein wieder Tee mit Gebäck. Nach jeder Mahlzeit hielt man ein wenig Siesta, wurde dabei rund und kugelig, und in Algier paßte so manchem Legionär die Uniform nicht mehr.

Insgesamt dauerte die Reise 26 Tage. Mit Nordafrika verbanden die Legionäre prinzipiell die Vorstellung von Ausbildungslager und scharfem Drill. Keiner von ihnen war scharf darauf, dort wieder hinzukommen. Vor allem hatten sie draußen im Feld ihre eigene „Disziplin" entwickelt, für die das auf dem Truppenübungsplatz Gelernte eine wichtige Vorstufe gewesen war. Nun aber in den alten Stil von Befehl und Gehorsam zurückzukehren, hätte bedeutet, die Uhr ihres Legionärdaseins zurückzustellen. Während die Männer darüber noch leise diskutierten, drang eine Nachricht an ihre Ohren, die sie draußen im Busch von Indochina nicht erreicht hatte: Schon am 1. November 1954 hatten die Araber in Nordafrika gegen die französische Kolonialmacht einen Aufstand inszeniert, und seitdem herrschte dort ein mörderischer Partisanenkrieg. Die Aussicht, daß nun kein kaserniertes und reglementiertes Leben auf sie wartete, sondern daß sie irgendwo wieder kräftig draufschlagen konnten, hob die Stimmung unter den Legionären mächtig.

Dann jedoch tendierten die Träume der Männer in eine völlig neue Richtung. Sie hatten auf dem Luxusdampfer zu viel freie Zeit, und so kursierten unter ihnen allerlei Parolen und Geschichten, von denen die meisten jeder Grundlage entbehrten. Eine der Flüsterstories entsprach jedoch der Wahrheit: Im Suezkanal sei es für jeden Legionär ein Leichtes, zu desertieren. Man brauchte nur ins Wasser zu springen und an Land zu schwimmen und sei ein freier Mann. So faßten nicht wenige Legionäre bereits im Roten Meer den Vorsatz, sich ein für allemal davonzumachen, sobald man Suez erreicht haben würde. Die Offiziere und Unteroffiziere der Fremdenlegion wurden ein wenig nervös, denn sie sahen keine konkrete Möglichkeit, eventuelle Deserteure von der Durchführung ihrer Pläne abzuhalten. Der Dirigent des Regimentsblasorchesters, das während der Reise als Bordkapelle fungierte und zum allgemeinen Vergnügen der Fahrgäste viel übte wie auch konzertierte, versuchte es mit der üblichen Gruppenpsychologie. „Meine Jungs nix hauen ab, sind alles prima Kerle", erklärte der ungarische Hauptfeldwebel im Brustton der Überzeugung in Gegenwart seiner Musiker und vor allen Leuten, „halten schon immer serr gutt zusahmen!"

Doch auch das half nicht. Es war ausgerechnet ein deutscher Legionär von der Musikantentruppe, der in Suez den Anfang machte und außenbords sprang. Zuvor hatte er bereits von der Reling herab mit den Besatzungen kleiner Boote gesprochen, die in Suez um das große Passagierschiff im Wasser schwammen. Die Nußschalen wurden von britischen Zivilisten gesteuert und hatten durchweg etliche ehemalige Fremdenlegionäre an Bord, die schon Tage vorher desertiert waren und nun die Kameraden einluden, ebenfalls abzuhauen. Der Musikant wurde sofort aus dem Wasser aufgefischt und in eines der Boote geladen. Kurz darauf sahen die auf der „Flaminia" Zurückgebliebenen mit Erstaunen, wie der noch patschnasse deutsche Kamerad dem Schiff auf der Uferstraße des Kanals in einem offenen Personenauto folgte und noch stundenlang winkte. Das blieb natürlich unter den Legionären nicht ohne Wirkung. Plötzlich brach es wie ein Fieber aus. Einer nach dem anderen jumpte über Bord, und es packte spontan manchen, der es ursprünglich gar nicht vorgehabt hatte.

Und immer wenn man irgendwo wieder etwas ins Wasser platschen hörte, rannte alles zu dem Punkt der Reling. Wenn dann unten im Wasser wieder ein Legionär schwamm, gab es oben auf dem Dampfer lautes Gelächter und applaudierendes Händeklatschen. Die Bande war völlig aus dem Häuschen, von der alten Disziplin so gut wie nichts mehr übrig. Nur die Offiziere und Unteroffiziere schüttelten betreten die Köpfe oder fluchten leise in sich hinein. Zwischendurch packte es auch den Adolf und einen österreichischen Kameraden. Adolf hatte trotzdem seine Zweifel. Er schaute einmal zu seinem Freund Alfons Hahnefeld hinüber, aber der machte überhaupt keine Anstalten, zu desertieren. Dennoch machten sich Adolf und der Österreicher nach kurzer leiser Absprache bis unmittelbar an die Reling. Als sie schon einen Fuß auf die Oberkante gesetzt hatten, um zu springen, rief von einem höheren Deck her ein Offizier: „Was machen Sie denn da?" Sofort ließen die beiden von ihrem Vorhaben ab, drehten sich um und erklärten mit Unschuldsmiene: „Wir wollten nur mal so tun als ob . . ."

Besonders hart aber traf es dann doch den armen ungarischen Kapellmeister. Das Schiff befand sich bereits in der nördlichen Hälfte des Kanals, ziemlich nah bei der ägyptischen Stadt Ismailia, als er die Kapelle an einem Tag nach dem Mittagessen auf dem Achterdeck zum Üben antreten ließ. Zunächst spielten die Musiker einige Stücke nach seiner Anleitung mit. Dann plötzlich erhoben sich alle von ihren Plätzen, intonierten, ohne auf den Dirigenten zu achten, mit spöttischem Augenzwinkern einen bekannten französischen Abschiedswalzer, stellten nach wenigen Takten ihre Instrumente auf die Schiffsplanken – und los ging's: Auf einen Schlag sprang über die Hälfte der Mitglieder der Regimentskapelle nach Backbord und nach Steuerbord über die Reling hinab in den Kanal. Einige Legionäre unter den Zuhörern ließen sich von der Bewegung mitreißen und sprangen sofort hinterher. Die an Bord blieben, brachen erneut in Jubelgeheul und Applaus aus, wobei nicht mehr auffiel, daß der Ungar blaß wie eine Kalkwand und sprachlos umherirrte. Eine Stunde später rief der Kompaniechef das Orchester zum Appell, um festzustellen, was für ein kläglicher Rest noch übriggeblieben war.

Der letzte, der sich auf solche Weise von der Truppe trennte und somit vertragsbrüchig wurde, war ein junger Legionär aus Adolfs Zug. Er kündigte seinen illegalen Ausstieg vorher lauhals an und ließ die Kameraden wissen, daß zu Hause seine Frau und ein Kind auf ihn warteten. Bei der Durchfahrt durch Port Said machte er während des Abendessens im Salon die Runde und verabschiedete sich von allen per Handschlag. Die Legionäre schauten ihn ungläubig an und gingen davon aus, daß er ein wenig durchgedreht sei und den Sprung sicherlich nicht wagen würde. Für den Fall aber, daß er sich doch der Reling nähern sollte, hatten sie vor, ihn aus kameradschaftlichen Gründen festzuhalten. Doch dann geschah es: Blitzschnell raste der sportlich hervorragend durchtrainierte Mann zwischen den Tischen hindurch und hechtete mit einem mächtigen Satz durch ein offenes Salonfenster hinaus, über den äußeren offenen Promenadengang und die Reling hinweg in den Suezkanal.

Gefeierter Held –
blasser Heimkehrer

Am 12. Juli 1955 lief die „Flaminia", festlich geschmückt und über die Toppen geflaggt, in den Hafen von Algier ein. Auf der Pier drängten sich Tausende von Algerien-Europäern sowie ganze Militäreinheiten, um die „Rückkehr der Helden aus Indochina" mitzuerleben und gebührend zu feiern. Eine Kapelle begrüßte das Schiff mit flotter Marschmusik. Wenn sie aussetzte, antwortete die Bordkapelle mit einem anderen Marsch – leider jedoch nur noch mit halber Stimmkraft. Insgesamt hatten sich im Suezkanal von der „Flaminia" 83 Fremdenlegionäre abgesetzt. Die geblieben waren, erlebten jetzt einen überwältigenden Empfang. Kaum hatten sie die Pier betreten, wurden sie von Menschen umringt, die ihnen die Hände schütteln und sie sogleich zum Essen einladen wollten. Die Offiziere hatten die größte Mühe, die Legionäre aus dem Gewühl herauszufinden. Alle Einheiten der 13. Halb-Brigade wurden auf geradem Wege zum 1. Fallschirmjäger-Regiment ins „Camp Zeralda" nahe bei Algier gebracht und dort vorläufig in Zelten einquartiert.

Der Grund solcher Hektik war den „Helden aus Indochina" bekannt: Zwei Tage später, am 14. Juli, war der französische Nationalfeiertag. Und für die große Fête Nationale in Algier wurde eine umfangreiche Truppenparade vorbereitet. In diese Vorbereitungsarbeiten wurden die Legionäre sofort voll einbezogen. Es wurde fleißig exerziert, und jedermann brachte seine Uniform und alles, was dazugehörte, auf Hochglanz. Am Tag der Republik war es dann soweit. Hinter allen vorangeschrittenen Einheiten des regulären Militärs kam, wie bei allen französischen Paraden üblich, die Fremdenlegion. Der Jubel des Publikums kannte keine Grenzen. Noch während der Parade, insbesondere aber gleich nach ihrer Beendigung, stürmten Zuschauer herbei und begannen, den Legionären sämtliche Knöpfe, Rangabzeichen, Auszeichnungen und die Käppis abzureißen, um sie als wertvolle Souveniers mit nach Hause zu nehmen. Anschließend wurden die Indochinakämpfer, obwohl sie in ihren halbzerrissenen Uniformen fast wie Vogelscheuchen aussahen, wieder kräftig als Helden gefeiert und überall zum Essen und Trinken eingeladen.

Ende 1955 ging es wieder zum Einsatz hinaus. Südlich der Stadt Constantin in den Bergen der Aures Nemenchas galt es, harte Partisanenkämpfe mit aufständischen Arabern auszutragen. Die Fremdenlegionäre wurden zu diesem Zweck bei Constantin auf der Farm eines Spaniers untergebracht. Adolf Karos und sein Freund Alfons Hahnefeld waren mit an der Front, kämpften oftmals Seite an Seite und heckten in ihrer freien Zeit immer wieder mal einen deftigen Unfug aus, über den die ganze Einheit tagelang etwas zu lachen hatte. Dann kam der Augenblick, als sich Alfons im Februar 1956 von der Legion verabschiedete. Seit zwei Jahren hatte er mit einem Mädel namens Rosemarie in Kassel brieflich Verbindung gehalten. Nun konnte er vorzeitig aussteigen, weil er im Lauf der Zeit viel Urlaub angesammelt hatte. Alfons versprach seinem Freund Adolf, daß er in jedem Fall von sich hören und das Band der Kameradschaft nicht abreißen lassen werde.

Wenige Monate später, im Juli 1956, erging es Adolf ähnlich. Ganz überraschend wurde er zum Kompaniechef befohlen, der ihm mitteilte: „Sie haben noch 151 Tage Urlaub." Adolf hätte sich über alles andere Gedanken gemacht, nur nicht über eine präzise Zusammenzählung der Urlaubstage, die er während der letzten Jahre nicht genommen hatte. Nun hatte die Legion für ihn gerechnet, und er wurde somit in den längeren Rückkehrprozeß eingefädelt. Zuerst mußte er nach Sidi Bel Abbes. Hier hatte er sich einer letzten ärztlichen Kontrolle zu unterziehen und wurde für kerngesund befunden. Dann durfte er mit einem zivilen Passagierschiff über das Mittelmeer nach Marseille setzen. In der Zentrale im Fort St. Nicolas ging es diesmal völlig anders zu als viereinhalb Jahre zuvor. Jedermann behandelte den Indochina-Helden überaus zurvorkommend. Nach einer kurzen Zwischenstation in Straßburg fand Adolf sich Anfang September 1956 in einem Außenposten der Fremdenlegion in der deutschen Stadt Kehl am Rhein wieder, wo er in ziviler Kleidung, mit zwei schweren Koffern an den Händen und ausreichend Sold in der Tasche freundlich verabschiedet wurde.

Da stand er abends in Kehl auf dem Bahnhof und suchte sich einen Zug nach Trier. Das für ihn selbst völlig Unvorhergesehene an der gesamten Situation war, daß er fast ein halbes Jahr zu früh nach Hause kam. Er war immer darauf eingestellt gewesen, daß seine Zeit bei der Fremdenlegion vertragsgemäß am 1. Februar 1957 vorbeisein und man ihn dann erst mit der Zeit in Hermeskeil wiedersehen würde. So setzte er sich nun mit gemischten Gefühlen in den Zug. Daheim rechnete zu dem Zeitpunkt niemand mit ihm.

Ihm war klar, daß er ja längst hätte schreiben können oder sich jetzt nur schnell ans Telefon zu hängen brauchte. Aber wieder einmal hielt ihn jene alte innere Verklemmung davon ab, ein Lebenszeichen von sich zu geben. So rollte er mit dem Zug durch die Nacht und schlief während der Fahrt ein. Auf seinem Umsteigebahnhof in Mainz wurde er nicht wach. Morgens stand er dafür auf dem Bahnhof von Koblenz. So suchte er sich von dort einen Zug nach Trier. Hier kam er im Lauf des Vormittags an.

Adolf hatte es nicht allzu eilig, nach Haus zu kommen. Zunächst schloß er sein Gepäck in ein Fach ein. Dann wanderte er durch die Stadt bis zur Porta Nigra und staunte unablässig, wie das Bild der Straßenzüge und Gebäude sich während der Phase des Wiederaufbaus bereits verändert hatte und noch veränderte. Ihm war nicht wohl in seiner Haut. Er fühlte sich völlig einsam und verloren. Nach viereinhalb Jahren steter Gewohnheit, sich im Rahmen des Dienstes in der Legion zu bewegen oder zumindest immer irgendeine Verbindung zur Legion zu haben, begann er plötzlich unter einer seelischen Entzugserscheinung zu leiden. Dieses Empfinden des Alleinseins war ihm so fremd und unwirklich, als hätte er als gestandener Afrikakämpfer plötzlich in einer arktischen Eiswüste leben müssen. Den ganzen Tag trieb er sich in der alten Römerstadt an der Mosel herum. Dann und wann wunderte er sich, weshalb die Menschen auf den Straßen ihn immer wieder wie einen Marsmenschen anstarrten. Er schaute an sich herunter, betrachtete sein Spiegelbild in einem Schaufenster und fand, daß er sich in Kleidung, Haartracht und Auftreten von keinem anderen normalen Zivilisten unterschied. Das Verhalten der ihn anglotzenden Leute blieb ihm ein Rätsel.

Gegen 20 Uhr nahm er die letzte Hunsrück-Bimmelbahn hinauf nach Hermeskeil. Im Zug begegneten ihm viele von früher her bekannte Gesichter. Aber niemand erkannte ihn oder gab irgendeine Reaktion von sich. Das war einerseits ein wenig spannend, andererseits aber auch ziemlich deprimierend. Auch die Beamten auf dem Bahnhof in Hermeskeil, wo der Zug um 21.15 Uhr einlief, waren noch dieselben wie vor Jahren. Aber auch sie erkannten den Fremden mit den zwei mächtigen Koffern nicht. Adolf stapfte die etwa 600 Meter durch die Dunkelheit zum elterlichen Haus. Unterwegs nahmen seine nachtgeübten Augen den herrlichen Wald wahr, der noch vor nicht allzu vielen Jahren sein persönliches Spielrevier gewesen war und jetzt schlagartig eine Menge Erinnerungen in ihm weckte. Und dann fühlte er sich plötzlich ganz seltsam, weil er nicht ganz begreifen konnte, wieso er hier durch die Dunkelheit lief und keine Waffe bei sich hatte. Allein durch die Nacht und ohne Schußwaffe oder wenigstens einen Dolch? Ein flaues Gefühl beschlich seine Magengegend.

Dann stand er vor seinem Elternhaus. Drinnen brannte Licht. Er stellte leise die Koffer ab und postierte sich so, daß er noch im Dunkel blieb und nicht sogleich vom ersten herausfallenden Lichtstrahl erfaßt werden konnte. Dann drückte er den Klingelknopf. Seine Schwester öffnete die Tür und fragte in die Dunkelheit: „Wer ist da?" Adolfs Kehle war wie zugeschnürt. Er bekam keinen Ton heraus. Die Schwester fragte noch einmal: „Wer ist da?" Aus der Nacht tönte es ihr rauh entgegen: „Ich bin's." Die Schwester: „Wer – ich?" Antwort: „Ich." Die Sache war ihr nicht geheuer, und sie schloß die Tür wieder zu. Adolf drückte erneut auf die Klingel. Die Schwester öffnete die Tür einen Spalt und fragte energisch: „Bitte! Wer ist da?" Adolf: „Kennst du deinen Bruder nicht mehr?" Eine Sekunde lang Stille. Dann ein schriller Schrei: „Adolf!"

Drinnen saß die alte Mutter mit dem Bräutigam der

Schwester. Sie hatte mit den beiden die Vorbereitungen für die Hochzeit, die acht Tage später stattfinden sollte, eingehend besprochen. Als sie den Schrei der Tochter an der Haustür hörte und den Namen verstand, war sie einem Ohnmachtsanfall nahe. Dann kam Adolf mit seinen beiden Koffern zur Tür herein. Einige Atemzüge lang sagte keiner ein Wort. Die Mutter, die Schwester und der angehende Schwager schauten ihn mit blassen Gesichtern an. Dann erst tauten die Herzen auf, und es gab eine große Wiedersehensfreude. Wenige Minuten später ging die Haustür, und der jüngste Bruder, damals gerade 16, kam nach Hause. Auch er verlor zunächst alle Farbe aus dem Gesicht. Dann begrüßte er seinen zweitältesten Bruder herzlich. Noch am selben Abend fand Adolf, bevor er sich schlafen legte, heraus, warum so viele Menschen in Trier ihn so ungläubig angestarrt hatten. Seine eigenen Angehörigen wiesen ihn darauf hin, daß seine Haut fast so tiefbraun wie die eines Negers war – und so was war in Westdeutschland in einer Zeit, in der es weder ausländische Mitbürger noch einen nennenswerten Tourismus gab, ausgesprochen selten.

Frustrierter Fremdling in veränderter Welt

Die Wiedersehensfreude war für Adolf mehr oder weniger eine einseitige Angelegenheit. Sein Plan war, Berufslegionär zu werden und gleich im Februar 1957, möglichst ohne jede unnötige Ausfallzeit, den Anschluß wieder zu bekommen. Er wurde dort gut bezahlt und hatte sich an das Leben in der Fremdenlegion gewöhnt. So zeichnete sich auf den Gesichtern seiner Angehörigen große Enttäuschung ab, als er am Tag nach seiner Heimkehr kurz und bündig erklärte: „Ich bin nur auf Urlaub hier!" Das löste eine Menge Diskussionen aus. Doch alle Bemühungen von Verwandten und Bekannten konnten ihn nicht davon abbringen.

Der erste Besuch, der am nächsten Vormittag an die Tür klopfte, war Adolfs früherer Schwarm Helga. Schon in Indochina hatte er aus Briefen seiner Angehörigen erfahren, daß sie sich verheiratet hatte. Nun kam sie und stellte Adolf gleichzeitig ihr dreijähriges blondes Töchterchen vor. Unter den vielen, mit denen er im Laufe der Zeit ins Gespräch kam, bemerkte er verschiedene Reaktionen. Die einen drückten indirekt ihre Bewunderung und einen gewissen Neid aus, weil ihn jenes Fluidum von großer weiter Welt und grenzenloser Freiheit umgab. Die anderen meinten, ihm eindringlich zureden zu müssen, daß er sich doch nun die Hörner abgestoßen und die weite Welt angeschaut und jetzt die Pflicht habe, am häuslichen Herd zu bleiben und einem ordentlichen Berufsleben nachzugehen. Ohne Ausnahme wollten alle von ihm wissen, ob er sich nicht zu verehelichen gedenke. In den meisten Fällen erklang die Anfrage in ziemlich deutlicher Befehlsform: „Nun heiratest du aber doch, oder?!" Adolf gab überall dieselbe Antwort: „Heiraten tue ich erst, wenn ich vernünftig geworden bin – so ungefähr mit 36!"

Adolf Karos bekam von seinen Angehörigen mitgeteilt, wieviel Not und Sorge alle die über die Fremdenlegion im Umlauf befindlichen Stories seiner Mutter bereitet hatten, als sie noch nicht gewußt hatte, wo ihr Zweitältester abgeblieben war.

Immer wieder versuchte irgendeine liebe Tante in der Verwandtschaft, dem heimgekehrten Jungen ein ach so liebes Mädchen schmackhaft zu machen. Groß war die Zahl der Feste und Parties, auf die man Adolf einlud und wo man ihm eine junge Dame an die Seite setzte. Dann und wann registrierte er mit stillem Staunen, wie sich gesetzte Herren um seine Freundschaft bemühten – bis er kurz darauf feststellen mußte, daß jeder von ihnen daheim eine junge Tochter hatte und für diese einen halbwegs passablen Partner suchte ... Adolf biß nicht an. Er enttäuschte sie alle.

Im Hause eines Lehrers traf Adolf auch öfter mit dem Pfarrer des Dorfs zusammen. Mit ihm hatte er eine besondere Geschichte hinter sich. Etwa zehn Tage nach seiner Heimkehr war Adolfs jüngste Schwester, damals 14 Jahre alt, aus der Schule gekommen und hatte ihm mitgeteilt, der Herr Pastor habe am Ende der Religionsstunde ausrichten lassen, er solle ihn mal besuchen. Adolf hatte der Kleinen aufgetragen: „Geh hin und sag ihm, ich wäre in vielen Ländern gewesen, in denen es viele Schafe und Ziegen gibt und grundsätzlich der Hirte losrennt, wenn ein Tier fortgelaufen ist!" Die kleine Schwester gab dies am nächsten Vormittag in der Schule dem Pfarrer weiter, und am Nachmittag klingelte es an der Haustür. Als Adolf öffnete, stand da der Pastor und sagte: „Hier ist der Hirte, der sein verlorenes Schaf sucht ..." Adolf hatte den sympathischen und aufgeschlossenen Pastor hineingebeten und war mit ihm in ein freundliches, aber doch sehr unverbindliches Gespräch gekommen.

Adolf hatte seine Gründe, weshalb er sich in der Heimat nur sehr mäßig wohlfühlte. In den viereinhalb Jahren, die er sich in anderen Teilen der Welt herumgetrieben hatte, war in den Menschen auf dem Hunsrück – und das mußte wohl überall in der Bundesrepublik so sein – eine starke Veränderung vorgegangen. Der Wiederaufbau nach dem Krieg war noch voll im Gange und artete für die meisten Bürger offensichtlich in Streß aus. Das Wirtschaftswunder war den Leuten in die Knochen gefahren, und im Kopf hatten sie, dies war Adolfs Eindruck, nichts als Mark und Pfennig. Manche steckten so in ihrem Häuslebauer-Fieber, daß sie auf der Straße kaum noch „Guten Tag" sagen konnten. Auch fiel ihm auf, daß es bei zunehmendem Wohlstand unter den Menschen zu einem Nachbarschaftsneid kommen konnte, wie er dies früher nie für möglich gehalten hätte. In gleicher Weise störte er sich daran, daß viele sehr junge Familien, und dazu zählten etliche seiner inzwischen verheirateten ehemaligen Schulkameraden, ihr kleines Kind am Tage anderswo in Obhut gaben, damit Mann und Frau arbeiten und Geld verdienen gehen konnten. Ihm taten solche Kinder leid. Und vom Haushalt solcher Leute gewann er die Meinung, daß dort vorwiegend der Dosenöffner regierte.

Eine weitere einschneidende Veränderung war in den Jahren von Adolfs Abwesenheit vor sich gegangen: Während früher zum Feierabend auf der Straße und vor den Häusern hier und da ein gemütliches Schwätzchen gehalten worden war, herrschte jetzt ab fünf Uhr nachmittags auf den Straßen durchweg gähnende Leere – das Fernsehen war dabei, seinen Einzug zu halten. Wenn Adolf dann gelangweilt die nächste Gastwirtschaft ansteuerte, um dort vielleicht Gesprächspartner zu finden, traf er auf die gleiche Situation. Wo man sich ehemals mit einem munteren Schwank nach dem anderen überboten hatte, starrte nunmehr alles schweigend in eine Richtung, und nur einer redete: die Glotze. Das mußte Adolf, so schwer es ihm auch fiel, herunterschlucken. Gegen die Macht dieses neuen Mediums kam er nicht an.

Und was ihm noch mehr gegen den Strich ging, war ein bestimmter Schlager, der zu jener Zeit aus allen Radios und Plattenspielern dröhnte: „Brennend heißer Wüstensand ..., fern, so fern vom Heimatland ...!" Er erkannte bald, daß die Leute gar nicht merkten, wie sehr sie sich in ihrer Traumwelt mit einem solchen Blödsinn identifizierten, indem sie den armen ehemaligen Fremdenlegionär Adolf Karos angesichts dessen, was er alles an Heimweh durchgemacht haben mußte, zutiefst bedauerten und am Ende nicht verstehen konnten, daß er beim Hören des Schlagers nicht selber in Tränen ausbrach ... Wenn er schließlich doch manchmal den Tränen nahe war, dann waren es die des Entsetzens und nicht die der Rührung. Die große Fremdenlegionärs-Heimwehschnulze, damals der absolute Superhit auf allen Kanälen, wurde ihm bald zum Alptraum.

Gegen Ende des Jahres 1956 entschloß sich Adolf zu dem Versuch, zunächst zu Hause zu bleiben. So nahm er in Trier beim Amt für Verteidigungslasten eine Bürotätigkeit an. Nach etwa zwei Monaten wurde er Buchhalter in einem militärischen Benzindepot der Franzosen in der im deutsch-französisch-luxemburgischen Grenzdreieck gelegenen Ortschaft Wellen an der Mosel. Diese Arbeit gefiel ihm halbwegs, und er behielt sie bis kurz vor Weihnachten 1958 bei. Er wohnte nach wie vor in Hermeskeil und fuhr täglich mit dem Bus zum Dienst. Dies war er bald leid, und so kaufte er seinem Schwager ein Motorrad, eine 250er „Triumph", ab, um damit täglich zur Arbeit und wieder heimwärts rund 100 Kilometer zurückzulegen und auch sonst im Dorf herumzuknattern. Die Sache hatte nur einen kleinen Haken: Einen für die Bundesrepublik Deutschland gültigen Führerschein hatte er noch nie besessen.

So passierte es denn im kalten Winter, daß Adolf dick vermummt auf seiner Maschine saß und kurz vor Trier von einer Polizeistreife angehalten wurde. Als er seine Papiere vorzeigen sollte, zeigte er lediglich, mit wie vielen Wassern er inzwischen gewaschen war, und erklärte, seine Finger seien so froststeif, daß er damit nicht in die Innentasche des Mantels hineinlangen könne. Ob denn einer der Beamten so nett sein und ihm die Papiere da herausholen wolle. Er spielte das Theater so überzeugend, daß die Polizisten freundlich abwinkten und ihn weiterfahren ließen. Im selben Winter geschah es ihm ebenfalls, daß er in der abendlichen Dunkelheit hinter einem Lieferwagen her fahren mußte und wegen viel Glatteis die Schuhsohlen während der Fahrt über die Straße schleifen ließ. Plötzlich blinkten vor ihm die Bremslichter auf, und um einen Auffahrunfall zu vermeiden, zog Adolf sein Motorrad links an dem Lieferwagen vorbei. In dem Augenblick wurde das Fahrzeug ebenfalls nach links gesteuert. Die Maschine krachte in die Seite des Lieferwagens und hinterließ dort eine große Beule im Blech. Sonst geschah dem Adolf und auch seinem Motorrad nichts. Aus dem Lieferwagen stieg eine Fahrerin, fing an zu weinen und flehte den Motorradfahrer an, nicht die Polizei zu holen – sie habe nämlich keinen Führerschein ...

1958 wurde die Mutter schwerkrank. Adolf wurde nach Hermeskeil gerufen, wo der Arzt ihm und dem älteren Bruder mitteilte, daß sie Leberkrebs habe und nicht mehr lange leben werde. Gegen Ende des Sommers starb sie. Nun war für Adolf der bisherige Hauptgrund, noch zu Hause zu bleiben, nicht mehr vorhanden, und er stellte erste Überlegungen an, wie er wieder den Weg in die Fremdenlegion finden könnte. Bald schrieb er einen Brief nach Marseille und fragte an, ob er zurückkommen dürfe und ob man ihn mit demselben Dienstgrad, mit dem er ausgeschieden war, wieder annehmen würde. Die Antwort ließ nicht lange auf sich warten und betraf beide Teile seiner Anfrage: „Jederzeit!"

Im Frühjahr 1959 traf Adolf erste konkrete Vorbereitungen. Er kündigte bei seinem Arbeitgeber in Wellen und gab in Trier die Abendschule, in der er Buchhaltung und Altfranzösisch (l'Argo) gebüffelt hatte, auf.

Dann kam im März 1959 die Stunde, in der Adolf in Richtung Paris rollte. In der französischen Hauptstadt logierte er sich zunächst in einem kleinen Hotel ein und machte eine Woche lang Urlaub nach dem Motto „Frühling in Paris". Hier traf er unerwartet auf der Straße ein Mädchen aus Hermeskeil, eine Freundin seiner Schwester. Sie hielt sich in Paris bei einer Familie als Haustochter auf und studierte Französisch, um den Beruf der Simultanübersetzerin zu erlernen. Adolf verabredete sich mit ihr, und sie kam und besichtigte mit ihm alle großen Sehenswürdigkeiten der Stadt: den Eiffelturm, Sacre Cœur, den Invalidenbahnhof, den Louvre und vieles andere. Hier nahm er ein paar Tage mit, die er in wunderschöner Erinnerung behalten sollte.

Dann nahm er Abschied von dem Mädchen und meldete sich im Pariser Büro der Fremdenlegion, im Vieux Fort de Vincennes. Der erste, dem er in die Arme lief, war einer der ehemaligen Kompaniechefs aus Indochina. Sofort war Adolf Karos wieder in die Legion aufgenommen. Bei der Legion kursierte ein uralter Witz, wonach ein nach fünf Jahren aussteigender Legionär auf die Frage seines Kommandeurs, was er denn im zivilen Leben nun anfangen wolle, geantwortet hatte: „Ich werde ein Geschäft aufmachen." Nach 14 Tagen sei der Mann keuchend ins Fort St. Nicolas gestürmt gekommen, nachdem er die ihn verfolgende Polizei draußen vor dem Schlagbaum endlich abgeschüttelt hatte, und habe um Wiederaufnahme gebeten. Der Kommandeur sei erstaunt gewesen: „Aber Sie wollten doch ein Geschäft aufmachen?" Antwort: „Hab ich ja auch, aber mit 'ner Brechstange ...!" Eben dieser Witz charakterisierte

70

jegliche Art der Rückkehr, die bei der Fremdenlegion überhaupt nicht gefragt war. Solches hing dem Adolf auch nicht im geringsten an. In ihm sah man eher eine Art Musterrückkehrer.

Adolf erhielt eine neue Uniform und sein schmuckes weißes Käppi, stand aber noch nicht unter dem Zwang, grundsätzlich darin auftreten zu müssen. Er konnte selbst bestimmen, wie er in die Stadt hinausging, ob uniformiert oder in zivil. Überhaupt hatte er noch sehr viel Zeit, es gab für ihn noch nahezu keine dienstlichen Befehle. Erst nach zehn Tagen erteilte man ihm einen Auftrag. Er hatte eine Gruppe von Kandidaten, die in die Fremdenlegion eintreten wollten, in der Eisenbahn nach Marseille zu begleiten. Adolf zog seine Uniform an und hatte mit den jungen Männern eine angenehme Reise. Zwei Tage nach der Ankunft in Marseille kam ein weiterer Auftrag: Eine Gruppe von sieben Kandidaten, die von der Legion nicht angenommen worden waren, mußten per Eisenbahn nach Straßburg und bis an die deutsche Grenze bei Kehl am Rhein gebracht werden.

Diese Tour wurde zu einer Schreckensvision, die Adolf bis an sein Lebensende nicht vergißt. Man hatte ihm in Marseille mitgeteilt, die Burschen würden von der bundesdeutschen Polizei gesucht und müßten ihr vollzählig übergeben werden. Dies aber dürfe er sie nicht wissen lassen, er habe sie nur auf jeden Fall komplett abzuliefern. Seine Fahrgäste waren, da sie bei der Fremdenlegion nicht hatten landen können, schlecht gelaunt und fingen bereits am Hauptbahnhof St. Charles in Marseille an, sich mit alkoholischen Getränken einzudecken. Im Zug betranken sie sich sinnlos, begannen andere Fahrgäste zu belästigen und randalierten herum. Auf mehreren Bahnhöfen an der langen Strecke mußte Adolf die Beamten der Bahnpolizei einschalten, um die gröhlenden und streitenden Trunkenbolde einigerma-

Der Legionärsausweis, ausgestellt im Februar 1960

ßen im Zaum zu behalten. Was Adolf dabei am schwersten fiel, war die ungeheure Scham, die er vor allen Leuten für seine Uniform und die Legion empfand. Kurz hinter Paris kam er während der Fahrt nicht mehr umhin, den schlimmsten der Randalierer durch gezielte Schläge völlig außer Gefecht zu setzen.

Kurz vor Straßburg schlossen sich ihm zwei freundliche Bahnpolizisten an, die ihn und die wilde Meute bis an die Grenze begleiteten. Adolf war den Beamten für diese Hilfe von Herzen dankbar. Den Anführer der Gruppe transportierten sie zuletzt nur noch in Handschellen. Auf der Grenzstation Kehl standen schon Beamte der deutschen Kriminalpolizei bereit und nahmen die sieben Gesuchten in Empfang. Anschließend hielt Adolf sich acht Tage lang in Straßburg bei der Legion auf und führte ein faules Leben. Auch hier traf er einen Offizier aus früheren Zeiten in Indochina. Der witterte eine in seinen Augen großartige Möglichkeit und wollte den

Adolf gern als Verbindungsunteroffizier ins Büro der Fremdenlegion in Kehl setzen. Aber Adolf wollte nicht. Sein Ziel waren die Fallschirmjäger in Nordafrika, eine weltweit gerühmte Elitetruppe.

Davon ließ er sich auch kurze Zeit später in Marseille nicht mehr abbringen. Hier wollte man ihn ebenfalls aufgrund seiner Sprachkenntnisse sowie seiner ausreichenden Erfahrungen für besondere Aufgaben einsetzen. Doch Adolf setzte alles daran, bis er nicht lange danach wieder drüben in Algerien in Sidi Bel Abbes eintraf. Hier durfte er zunächst dreieinhalb Monate lang die Unteroffiziersschule absolvieren. In der Garnison traf er auf viele deutsche Kameraden. Unter ihnen waren manche, die seit 1945 nicht mehr in Deutschland gewesen waren und ihn nun baten: „Erzähl mal! Wie war's denn?" Adolf grinste breit und fragte zurück: „Seht ihr mir das denn nicht an? Weshalb bin ich wohl wieder hier?" Ein Hüne von Legionär riß ihn am Rockaufschlag dicht an sich und knirschte ihn an, wobei er aber das Lachen nicht verbergen konnte: „Du willst uns doch wohl nicht auf den Arm nehmen, Kleiner?" Und dann begann Adolf zu erzählen. Die Kameraden lauschten mit großem Interesse seinen Darstellungen von einer weitestgehend unromantischen, immer gefühlloser werdenden bundesdeutschen Wohlstands- und Aufbaugesellschaft, in der vor lauter Fleiß, Tüchtigkeit, Hektik und Materialismus ein Adolf Karos zuweilen das Empfinden hatte, nicht mehr atmen zu können, und immer mehr in die Gewohnheit verfallen war, vom Urwald in Indochina zu träumen.

Ein Schlag in den Rücken: „Go!"

Nach erfolgreichem Abschluß an der Unteroffiziersschule wurde Adolf sogleich in eine Fallschirmjägereinheit der Fremdenlegion eingegliedert. Zunächst tat man ihn an eine andere Arbeit: Er hatte exakt das Pensum, das er selber gerade zuvor gelernt hatte, nun dreieinhalb Monate lang eine Klasse neuer Unteroffizierskandidaten zu lehren. Im Anschluß daran kam er zur Fallschirmjäger-Ausbildung nach Blida, westlich von Algier. Drei Wochen lang wurden Adolf und seine Kameraden durch die Mühle gedreht: Härtestes sportliches Training in verschiedenen Disziplinen wechselte mit endlosen Gewaltmärschen. Alles was mit dem Fallschirmspringen zu tun hatte, wurde dabei während der ersten 14 Tage am Boden geübt, und zwar an mehreren Flugzeugattrappen. Bis sie nichts anderes mehr am Tage denken und nachts träumen konnten, schärfte man ihnen immer wieder ein, welche Sicherheitsregeln im Umgang mit einem Fallschirm sowohl innerhalb als auch außerhalb eines Flugzeugs zu beachten sind, welche Maßnahmen in welchen Fällen getroffen werden müssen und was für einen Bewegungsablauf das präzise Aufsetzen erfordert.

Nach zwei Wochen nahm der Sprunglehrer seine acht Kandidaten mit in die Luft und ließ sie zunächst aus 400 Metern Höhe bei geöffneter Seitentür einen ausgiebigen Blick aus der Maschine hinab auf die Erde werfen. Adolf Karos wäre am liebsten gleich hinausgesprungen. Doch er hatte abzuwarten, wie die anderen auch. Am nächsten Tag war es soweit. Die kleine Gruppe stieg wiederum mit der großen „Nord Atlas 2005" in die Lüfte. In 400 Metern Höhe öffnete der Sprunglehrer die Seitentür. Das Dröhnen der Mo-

Kommando-Absprung, Philippeville 1962

toren erfüllte den Innenraum so, daß eine Verständigung nur noch mit Handzeichen möglich war. Noch einmal machte der Sprunglehrer die Runde und kontrollierte bei seinen Schülern jede technische Kleinigkeit durch. Dann ging es an den Ausstieg. Adolf kam an die Reihe. Mit den Händen griff er rechts und links der Luke außen auf den Flugzeugrumpf, einen Fuß setzte er unten auf die Kante. Der Sprunglehrer stand plötzlich unmittelbar neben ihm, brüllte ihm ins Ohr „Go!" und gab ihm mit der flachen Hand einen wuchtigen Schlag auf den Fallschirm. Ab ging's in die Tiefe. Der Fallschirm öffnete sich automatisch.

Jenen Nachdruck verleihenden Tritt ins Hinterteil, den der Sprunglehrer zuvor zwei nur zögernd abspringenden Kameraden verpaßt hatte, gab es für Adolf nicht. Nun schwebte er durch die Lüfte und wunderte sich ein wenig, daß er sich das alles vorher viel schlimmer vorgestellt hatte. Sogleich überkam ihn das nächste Staunen: War der Lärm droben in der Maschine kaum auszuhalten gewesen, so herrschte hier zwischen Himmel und Erde eine wohltuende Stille. Nur das leise Sausen der Luft oben im Fallschirm war zu hören und hatte eher eine beruhigende Wirkung. Dann ging er schnell alle Punkte durch, die er zwei Wochen lang immer wieder gepaukt hatte: Zuerst nach oben schauen und überprüfen, ob der Fallschirm in Ordnung ist und keine Löcher hat; dann nach beiden Seiten und nach hinten absichern, ob kein anderer Springer zu nahe kommt – was hierbei eigentlich nicht passieren konnte, denn die Anfänger wurden in sehr großen räumlichen Abständen aus der Maschine abgesetzt; anschließend alle technischen Einzelheiten der Fallschirmbefestigung am Körper nachsehen; zuletzt die Windrichtung kontrollieren, um durch Ziehen je zwei bestimmter Leinen gegensteuern zu können.

Ab etwa 100 Meter Höhe hatte Adolf plötzlich nicht mehr das Empfinden, daß er sich der Erde näherte, sondern daß die Erde mit ziemlicher Geschwindigkeit auf ihn zukam und ihm in den nächsten Sekunden ins Gesicht fallen würde. Jetzt kam es darauf an: Schultern einziehen; Kopf nach vorn, bis das Kinn den Notfallschirm auf der Brust berührt, Beine eng zusammen, Knie leicht angewinkelt, Füße in horizontaler Stellung – Adolf prallte auf trockenen, harten Grasboden und rollte sich gegen die Richtung, in die der leichte Wind den Fallschirm zog, ab. Aus der Nähe kamen andere Ausbilder herbeigelaufen, schauten nach, ob alles in Ordnung war, und gaben sofort in sachlicher Form ihre Kritik ab. Beim zweiten Absprung am nächsten Tag machten alle die Feststellung, daß dieser viel mehr Nerven kostete als der erste. Am Tag zuvor war das Bewußtsein des einzelnen mit der Schnelligkeit der Ereignisse beim Sprung noch nicht mitgekommen. Das jedoch fand am zweiten Tag statt und rief für Sekundenbruchteile schwere Angstreaktionen hervor.

Beim dritten Sprung war das wieder weitgehend überwunden. Da aber gab es bereits die erste besondere Aufgabe zu erfüllen: In einer bestimmten Höhe mußte der Notfallschirm geöffnet werden, wodurch ein weiteres Steuern des Flugs nicht mehr möglich war und der Springer bis zum Aufprall am Boden eine große Unsicherheit zu spüren bekam. Beim vierten Sprung wurde das Aufsetzen mit Waffe, einem unter dem Notfallschirm vor der Brust befestigten, zusammengeklappten Gewehr, geübt. Wirklich kompliziert wurde erst der fünfte Sprung: Der Fallschirmjäger bekam eine schwere Waffe mit auf den Weg, sprich: einen Granatwerfer, ein Funkgerät oder, was bei der Übung den gleichen Zweck erfüllte, einen Kanister mit 20 Liter Wasser. Das Mindestgewicht der Last betrug 20 Kilogramm. Der Springer mußte aus etwa 80 Metern Höhe an einem Seil die Last zu Boden herablassen und bis zur eigenen Bodenberührung durch das Seil mit der Last verbunden bleiben. Der sechste und letzte Absprung war für alle der schönste. Unmittelbar im Anschluß daran erhielt jeder das Springerabzeichen. Dieser Schmuck an der Uniformjacke zeichnete den Träger als Mitglied der Fallschirmjäger, einer Elitetruppe der Fremdenlegion, aus und wurde gleich nach Aushändigung geputzt und gewienert, bis sich die Sonne darin spiegelte.

Adolf wurde zum 2. Fallschirmjägerregiment in Philippeville an der algerischen Mittelmeerküste abkommandiert. Als er sich mit seinem blitzenden Abzeichen an der Brust als junger Unteroffizier in der Kaserne meldete, mußte er zunächst Bekanntschaft mit einem hausinternen Zeremoniell machen: Die meisten behandelten ihn wie Luft, einige wenige schauten ihn gelangweilt über die Schulter an. Man ließ den Neuling während der ersten Stunden überdeutlich spüren, daß er hier zunächst ein Niemand war und gefälligst allerkleinste Brötchen zu backen hatte. Dann pfiff ihn irgend jemand herbei, der ihm klarmachte, daß er sich bei sämtlichen, jawohl, sämtlichen Offizieren und Unteroffizieren des Regiments vorzustellen habe – und er solle sich bloß nicht erlauben, auch nur einen zu vergessen! Adolf brauchte ganze drei Tage, bis er sie wirklich alle durchgenommen hatte. Und von jedem mußte er sich kühlen Blickes von oben bis unten mustern lassen. Und wenn einer den Mund dabei aufmachte, bekam er zu hören: „Na, werden sehen, ob aus dir ein rechter Kamerad unserer Truppe werden wird!"

Am Ende der dreitägigen Vorstellungsrunde bekam er eins auf die Schulter gehauen, daß es krachte, und dann hatte er in der Unteroffiziersmesse erst einmal eine Generalrunde für alle auszugeben, bevor man ihn endgültig als voll anerkanntes Mitglied aufnahm. Gleich am nächsten Tag sah die Welt völlig anders aus: Die Fallschirmjäger wurden zum Einsatz hinausgeschickt. Wieder galt es, sich in den Bergen hinter Constantin, diesmal im Landstrich der Kabylen, in aufreibendem Partisanenkampf mit aufständischen Arabern herumzuschlagen.

Kurz nach deren Rebellion hatte Adolf ein Erlebnis, das ihm noch heute schwer auf dem Herzen liegt: Als Unteroffizier stand ihm, so die übliche Regel bei der Fremdenlegion, ein junger Legionär als Putzer zu. Adolfs Putzer war ein gewitzter Italiener namens Antonio. Irgendwo in den Aures Nemenchas nördlich der Stadt Biskra, dem algerischen Tor zur Sahara, hatten sie harte Kämpfe durchzustehen. Als eine kurze Gefechtsruhe eintrat, nahm Adolf sein Funkgerät und wies seinen etwa 50 Meter entfernt hinter einem Felsvorsprung in Deckung liegenden Antonio an, schnell mal einen Kaffee zu kochen. Der Durst hatte sich eingestellt, weil sie alle trockene Kehlen hatten; denn stundenlang hatte der Gegner sie so hart unter Beschuß gehalten, daß sie fast ständig die Gesichter in den Dreck gesteckt und die Hände schützend über den Kopf gehalten hatten – nicht selten dabei auch zum Beten gefaltet. Etwa fünf Minuten nach der Anweisung über Funk erhob sich der Antonio und marschierte mit einem Becher Kaffee in der Hand auf Adolf zu. Als er knapp zwei Meter vor ihm stand und ihm den Kaffee reichen wollte, knallte es. Ein Scharfschütze hatte den Italiener von hinten in den Kopf getroffen. Der brach vor Adolfs Füßen zusammen und war sofort tot. – An diesem Tag im Sommer 1961 fielen draußen bei Biskra 13 junge Legionäre.

Zwischendurch erlebte Adolf die Wirren des Algerien-Aufstands mit. Mit der geschlossenen Front der Algerien-Franzosen im Rücken putschte die Fremdenlegion gegen die französische Regierung in Paris, weil Präsident Charles de Gaulle die unzufriedenen Araber in die Unabhängigkeit entlassen wollte. Plötzlich kam aus Radio Algier nur noch Marschmusik, gab es völlig ungewohnte Befehle von oben. Adolf funktionierte wie gewohnt als eines der vielen kleinen Räder im großen militärischen Getriebe. Erst als der Aufstand in vollem Gang war, bekamen er und die übrigen Unteroffiziere heraus, um was es eigentlich ging. Von da an hatte er bei allem Entgegennehmen und Ausführen von Befehlen ein viel unwohleres Gefühl als je zuvor in normaler Situation. Vor allem widerstrebte es Adolf, als Deutscher in einen Bürgerkrieg unter Franzosen einbezogen worden zu sein, unter denen er sich mehr oder weniger zu Hause fühlte, die er mit der Zeit achten und schätzen gelernt hatte.

Im Januar 1962 ging Adolf für knapp vier Monate nach Pau in Südfrankreich zur bekanntesten internationalen Fallschirmjägerschule Europas, um hier Ausbilder und Sprunglehrer zu werden. Hier ging es nur noch um das Kommando- oder Sport-Fallschirmspringen, wobei in jedem Fall der Schirm eigenhändig, oftmals erst nach sekundenlangem freiem Sturz, geöffnet wurde. Unmittelbar nach seiner

Nach der Rückkehr aus Pau, April 1962

Rückkehr nach Algerien wurde er zum Feldwebel befördert. Wenige Wochen später ging es, obwohl längst angekündigt und deshalb vorher bekannt, wie ein Schock sowohl durch die Algerien-Franzosen als auch durch die Fremdenlegionäre, daß die Regierung Frankreichs das Land Algerien in die Unabhängigkeit entließ. Bis unmittelbar vor diesem historischen Ereignis wie auch zunächst hinterher blieb für die Legionäre alles beim alten. Sie hatten sich auf Leben und Tod mit den Arabern herumzuprügeln: vorher, weil jene die Unabhängigkeit noch nicht hatten und schon die Herren im Land sein wollten, nachher, weil sie ihre Unabhängigkeit dahingehend verstanden, daß sie nun zu Massakern an Bürgern der ehemaligen Kolonialmacht und insbesondere an Fremdenlegionären neigten.

Mit der Zeit aber legten sich diese Unruhen mehr und mehr. In der Legion hatte man noch größte Mühe, mit den grundlegenden Umwälzungen infolge der eigenen Rebellion gegen die Pariser Regierung fertigzuwerden. Langsam zeichneten sich bescheidene Anfänge einer inneren Konsolidierung ab. Aber in Wirklichkeit war nichts mehr so wie vorher: Die Politik, die man bis dahin erfolgreich hatte außerhalb der Kasernentore halten können, nahm nun weiten

Raum im Denken der Legionäre ein. Dabei mußten sie zwangsläufig in jene altbekannte Zwickmühle zwischen Denken-Wollen und Nicht-denken-Dürfen geraten. Denn bei konsequenter Analyse der politischen Entwicklungen in Frankreich und vor allem in der ehemaligen Kolonie Algerien, speziell aber beim Überdenken alles während der letzten zwei Jahre Vorausgegangenen, wäre auch der allerletzte Rest an Moral und damit jegliche Befehlsstruktur in der Fremdenlegion zusammengebrochen. Was bei Adolf in die Brüche ging, war sein alter Soldatenidealismus. Er wurde Materialist, verstand sich selbst nur noch als bezahlter Söldner und verlegte sich ganz aufs Abdienen seiner Zeit, bis er nach insgesamt fünfzehneinhalb Jahren, für ihn bedeutete das im Alter von 36 Jahren, aussteigen und als französischer Staatsbürger Rentenanspruch erheben konnte.

Nach der Zeit der großen Unruhe hörten die Kampfeinsätze langsam auf. Bald bestand der kämpferische Teil des Regimentsdaseins nur noch aus Übungen. Dann wurde das Fallschirmjäger-Regiment in einen nicht weit von Oran gelegenen alten Kriegshafen namens Mers El Kebir verlegt, der stark modernisiert worden war. Dort mußten die Legionäre erkennen, welche hervorragende Beschäftigungstherapie man sich für sie ausgedacht hatte: Sie durften sich nahe bei Mers El Kebir in einem Sumpfgebiet eine neue, eigene Kaserne bauen. Zu diesem Zweck brachte man sie vorläufig in Zelten unter. Vor allem die Gründungsarbeiten für das Bauwerk waren ein harter Brocken. Unter der nordafrikanischen Sonne floß viel Schweiß. Nach Fertigstellung der Kaserne gab es wieder Übungen.

Der Hauptteil von Adolfs Dienst jedoch fand in einer Schreibstube statt. Das hatte den Vorteil, daß er jederzeit gut abkömmlich war, weil es immer für ihn einen Stellvertreter gab.

Gratulation nach einem Fallschirm-Zielspringen, April 1962

Der konnte dieselbe Arbeit genausogut erledigen. Neben seiner Arbeit in der Legion tat Adolf viel für seine Weiterbildung. Bereits 1960 hatte er wieder mit mehreren Fernkursen begonnen. So war es ihm möglich, im Winter 1962/63 in Algier sein Abitur nachzuholen. Dort hatten die Franzosen auch eine Freie Fernlehruniversität eingerichtet, an der sich Feldwebel Karos sofort nach dem Abitur einschrieb.

Adolf nahm im keineswegs zu eng gespannten Rahmen seines Dienstes auch einige andere Möglichkeiten wahr. Zunächst machte er eine Spezialausbildung als Artilleriebeobachter mit. Dann zog er für die nächste Spezialausbildung aufs europäische Festland und wurde in den französischen Alpen bei Chamonix Bergführeraspirant. Dies gefiel ihm so gut, daß er seinen nächsten Urlaub wieder dort verbrachte und einen Kursus als Skilehrer absolvierte. In der Schreibstube der Kaserne bei Mers El Kebir entstand keine Lücke. Der stellvertretende Unteroffizier wurde mit der dort anfallenden Arbeit ebensogut fertig wie Adolf selbst. Ende 1963 wurde er zum Regimentskommandeur gerufen. Der ermutigte ihn, die französische Staatsangehörigkeit zu beantra-

Kampfschwimmer-Ausbildung, Mers El Kebir 1965

gen, um dann bei der Fremdenlegion ohne besondere Ausbildung Technischer Offizier werden zu können. Adolf
lehnte das großzügige Angebot höflich ab.

Ein Haifisch und ein
zitternder Kampfschwimmer

Aus Adolf Karos und anderen hatte die Fremdenlegion
bereits Kämpfer gemacht, die zu Lande und in der Luft ein-
satzfähig waren. Nun sollte er es auch noch im Wasser werden. In jenen Zeiten gedachte der Oberst, die Dauer der
Kriegsruhe zu nutzen und aus dem von ihm kommandier-
ten 2. Fallschirmjäger-Regiment, das sich längst ausgiebig
mit Ruhm und vielen militärischen Ehren beladen hatte,

eine richtige Super-Elitetruppe zu machen. So erteilte der Oberst jeder Einheit seines Regiments den Sonderauftrag zu einer Kommandoausbildung. Ziel: Eben dieses Regiment sollte zu absolut jeglichem kriegerischen Einsatz fähig sein und in Anspruch genommen werden können. Die Einheiten bekamen ihre Richtungen angegeben: Die einen wurden zu Gebirgsjägern ausgebildet; andere schliff man in alle nur erdenklichen Tricks unmittelbarer Gewaltausübung ein und machte aus ihnen Überfall-Experten; aus wiederum anderen wurden Spezialisten für Panzer-Bekämpfung; und eine Einheit der Fallschirmjäger verlegte sich auf Nachtsturmkommandos. Die 3. Kompanie, zu der Adolf gehörte, erhielt den Auftrag, eine Amphibien-Einheit zu werden, die zu Lande wie zu Wasser gleichermaßen beweglich und handlungsfähig sein sollte.

Das alles fing praktisch im Januar 1964 damit an, daß Adolf aus seinem Zug von 22 Männern die sportlich besten herauszusuchen und sich mit ihnen beim Stabsarzt zu einer strengen Untersuchung zu melden hatte. Mit 15 Mann blieben sie übrig und wurden zur französischen Kriegsmarine in Mers El Kebir geschickt, um dort zu Kampfschwimmern ausgebildet zu werden. Hier an der algerischen Küste befand sich eine Abteilung der Kampfschwimmerbasis von Toulon. Die 15 Kandidaten von der Fremdenlegion hatten zunächst eine Aufnahmeprüfung zu bestehen: Sie mußten jeder mit Taucheranzug, Schwimmflossen, Maske und Schnorchel innerhalb einer scharf bemessenen Zeit 1000 Meter weit schwimmen. Adolf begann, obwohl er ein routinierter Schwimmer war, nach 300 Metern in seinem Taucheranzug zu schwitzen. Wegen der für ihn völlig ungewohnten Flossenbewegung verkrampften sich seine Beine. Als Zweitletzter kam Adolf durchs Ziel, und die vorgegebene Zeit hatte er auch nicht eingehalten. Am nächsten Tag durfte er zusammen mit zwei anderen Legionären die Aufnahmeprüfung wiederholen. Zuvor aber erhielten sie alle ausführliche Instruktionen, und so klappte es halbwegs. Anschließend erhielt Feldwebel Karos den Befehl, eine Woche lang täglich im Anschluß an den Dienst eine zusätzliche Stunde Schwimmtraining zu absolvieren. Begeistert war Adolf davon nicht, aber es mußte sein.

Der theoretische Unterricht für die angehenden Kampfschwimmer war sehr umfangreich. Sie hatten sich gründlich mit dem gesamten Tauchmaterial vertraut zu machen: Taucheranzug, Tiefenmesser, Kompaß, Bleigurte, Gesichtsmasken, Atemgeräte und vieles andere mußten sie von innen und außen kennen und fehlerlos damit umgehen können. Gleichzeitig lernten sie die Handhabung der wesentlichen zwei Waffen, mit denen Kampfschwimmer zu tun haben: zum einen der Dolch, zum anderen die Unterwassermine. Sodann bekamen sie es mit den mathematischen Gesetzen des alten Archimedes zu tun, indem sie das Verhältnis von Wassertiefe und Wasserdruck zu berechnen lernten. Bald wußten sie, daß mit jedem Meter Tiefe unter der Oberfläche das Wasser pro Quadratzentimeter Menschenhaut um 100 Gramm schwerer wird und sich spürbar auf den gesamten Organismus des Tauchers auswirkt. Wichtiges Detail: Spätestens ab 7 Meter Tiefe platzt unter dem Wasserdruck in den Ohren das Trommelfell, wenn nicht der Druck im Kopf des Menschen bei geschlossener Nase durch Gegenblasen ausgeglichen wird.

Gleichzeitig hatten sie ein wenig Anatomie zu studieren, alles mit dem Ziel, in einem dem Menschen fremden Lebenselement den eigenen Körper voll zu beherrschen und ihn als schlagkräftige Maschine und Waffe einsetzen zu können, ohne daß der Körper dabei geschädigt oder gar zerstört würde. Nach festgelegten Tabellen wurde exakt berechnet, in welchen Tauchtiefen welche Tauchzeiten möglich sind, und die Berechnungsergebnisse wurden streng eingehalten. Belustigend war das Erlernen einer bestimmten Zeichensprache, da eine andere Verständigung unter Wasser nicht möglich ist. Ein weiteres Fachgebiet, in das sich ein Kampfschwimmer bis zu einem gewissen Grad vertiefen mußte, war der Schiffbau. Wer sich unter Wasser an ein feindliches Kriegsschiff heranpirschen und es beschädigen will, muß wissen, wo er am besten am Schiffsrumpf eine Mine anzubringen hat. Er muß aber ebenfalls wissen, wo ihm selbst dabei besondere technische Gefahr durch das Schiff droht, beispielsweise durch die für seine Körperkraft zu starke Saugwirkung einer Lenzpumpe – diese Pumpe saugt zuweilen große Mengen Meerwasser in kurzer Zeit an, um zwecks Stabilisierung der Lage des Schiffs im Wasser bestimmte Hohlräume vollzupumpen, und lenzt nach Bedarf das Wasser auch wieder hinaus.

Kein praktischer Tauchunterricht fand statt ohne den Moniteur, wie der Tauchlehrer bei der französischen Marine genannt wird. Adolf und seine Kameraden, sie waren nach der Aufnahmeprüfung bei der Marine nur noch neun, wunderten sich, wie sauber und klar das Wasser in einem Kriegshafen wie Mers El Kebir war – kein Vergleich mit normalen Seehäfen wie Algier oder Marseille. Die Übungen spielten sich durchweg in 12 bis 20 Metern Tiefe zwischen den Ketten, Ankern und ruhenden Schiffsschrauben der im Hafen liegenden Kriegsschiffe ab. Wer zum erstenmal unter die Oberfläche wegtauchte, bekam Platzangst und fürchtete, er müsse, trotz Atemgerät, ersticken. Dies aber war zumeist nach dem zweiten oder dritten Tauchen überwunden. Dann kam sogleich die nächste Übung für Anfänger: Auf dem Grund des Hafenbeckens mußten sich zwei Taucher gegenüberstehen, tief einatmen, die Luft anhalten, den Sauerstoffschlauch aus dem Mund nehmen, die Atemgeräte miteinander tauschen, den Sauerstoffschlauch wieder einsetzen und nach oben schwimmen.

Große Schwierigkeiten bereitete den jungen Kampfschwimmern vor allem die völlig ungewohnte Bewegungsweise unter Wasser, die in vielem an einen Raumfahrer im Weltall erinnert. Die Anziehungskraft der Erde scheint weitgehend aufgehoben, der Mensch schwebt fast schwerelos und vor allem haltlos dahin, schafft es nicht, auf dem Boden zu stehen, kippt auf die eine Seite, auf die andere Seite, steht plötzlich auf dem Kopf, verliert nicht selten das Gefühl für oben und unten. Sich unter Wasser bewegen zu können, war für die Männer jedoch über kurz oder lang eine Frage reiner Übung. Bald bekamen sie die nächste Aufgabe: Ein nahegelegenes Schiff ließ die Schraube rotieren und wirbelte soviel Schlamm auf, daß das Wasser des gesamten Hafenbeckens trübe und völlig undurchsichtig wurde. In dieser Brühe lernten die Taucher, exakt nach Armbanduhr und Kompaß zu schwimmen, ohne sich zu verirren. Ein besonderes Pflicht-Kunststück trainierten sie immer und immer wieder: Um eine von einem Schiffsbug zum Anker schräg verlaufende Kette tauchten sie spiralenförmig hinab bis zum Anker, ohne die Kette zu berühren, wobei es für den Taucher darauf ankam, den eigenen Körper schlangenartig so zu verbiegen, daß seine „helikoidale" Form die geschwommene Spirale im Wasser geradezu herbeizwang.

Immer wieder wurde auch ausprobiert und trainiert, wie lange es ein Taucher in 10 Metern Tiefe ohne Tauchgerät aushalten konnte. Den Rekord stellte Zugführer Adolf mit 3 Minuten und 2 Sekunden auf. Erreicht wurde dadurch am Ende das Trainingsziel, daß jeder von ihnen ohne Atemgerät bis mindestens 25 Meter tief kam. Adolf: „Es kam soweit, daß wir uns selbst bald für Fische hielten." Doch was von ihnen unter Wasser erwartet wurde, ging noch viel weiter. Auf dem Grund des Hafenbeckens hatten sie eine Vielzahl an technischen Vorgängen zu meistern. Dazu gehörte das Schweißen mit einem Spezialgerät. Doch das war nicht sonderlich schwer. Komplizierter wurde es bei der Aufgabe, in 12 Metern Tiefe mit Hilfe eines auf Grund stehenden eisernen Tisches zwei Metallplatten durch vier Nieten unter Einsatz eines normalen Hammers zusammenzunieten. Der Hammer ließ sich nämlich nie in gerader Linie führen, sondern vollzog aufgrund des Wasserwiderstands stets eine leichte Schlangenlinie und landete durchweg mehr auf dem Daumen des Tauchers als auf der Niete. Adolf kam nach oben geschwommen, hatte sich einige Finger blau geklopft, präsentierte aber stolz sein taucherisches Meisterstück.

Doch seine Ausbilder kannten kein Erbarmen und verlangten am nächsten Tag von ihm und den anderen Männern ein letztes Supermeisterstück: Jeder bekam oben auf der Pier vier Holzbretter von 20 Zentimetern Breite und 60 Zentimetern Länge sowie 2 Zentimetern Stärke und eine 60 mal 60 Zentimeter große Holzplatte, dazu genau zwölf Nägel und einen Hammer in die Hände gedrückt, mit dem Auftrag, unter Wasser eine offene Kiste zu zimmern, wobei hinterher kein einziger Nagel fehlen durfte. Die Sache hatte mehrere Probleme, die durch vorheriges Nachdenken zu lösen waren: Hauptschwierigkeit war die Tatsache, daß das Arbeitsmaterial trockenes Holz war, das sich im Wasser sofort und mit unnachgiebiger Zähigkeit nach oben bewegen würde; die übliche Methode, in Taucherausrüstung wegzutauchen, schloß von vornherein den Gebrauch beider Hände ein, indem die eine nach hinten griff, um das Atemgerät festzuhalten, damit es nicht nach oben rutschte und dem Taucher ins Genick schlug, die andere gleichzeitig die Nase zuhielt, um im Kopf Gegendruck für die Trommelfelle zu blasen. Wie also sollten bei diesen Notwendigkeiten die Holzbretter so in die Tiefe transportiert werden, daß sie sich nicht selbständig machten?

Zum vorherigen Nachdenken wurden zehn Minuten bewilligt, wobei der Kampfschwimmer mit keinem seiner Kameraden in Kontakt treten durfte – „. . . genau wie damals in der Penne beim Diktat", mußte Adolf denken, „alles andere galt als Mogelei und wurde bestraft." Was bei dieser Aufgabe vom Kampfschwimmer gefordert wurde, war vor allem ein gutes Stück Erfindungsgeist. Die Zeit zum Überlegen war abgelaufen. Dann kam der Befehl: „Allez!" In einem blieben sie sich alle gleich: beim ersten Versuch schaffte es keiner, zwei oder drei Bretter kamen an die Oberfläche. Es mußte von neuem begonnen werden. Beim zweiten oder dritten Versuch mußte es klappen, sonst war man durch die Abschlußprüfung gefallen. Und sie schafften es alle. Eine weitere Übung von besonderem psychologischen Schwierigkeitsgrad mußten sie ebenfalls durchstehen, bis sie nichts mehr dabei empfanden, nämlich das Aussteigen aus einem Unterseeboot durch ein Torpedo-Abschußrohr. Adolf kroch in die von ihm als sehr eng empfundene Röhre hinein, hinter ihm schloß man die stählerne Klappe. Er hörte von dort drei kurze Schläge gegen das Metall als Zeichen: Jetzt passiert's! Im nächsten Augenblick strömte mit großer Macht durch eine unsichtbare Öffnung das Meerwasser herein. Adolf bewegte sich nach vorn, hatte das Gefühl, in einer Konservendose gefangen zu sein und mußte innerlich gegen eine aufkommende Panik ankämpfen. Dann sah er vor sich, wie sich die Klappe nach außen öffnete. Schnell war er draußen im freien Meer, entfernte sich eine kleine Strecke vom U-Boot und tauchte auf. Nachdem er diese Übung einige Male wiederholt hatte, wurde sie zur Routine. Von Angst keine Spur mehr.

Nach Abschluß der Ausbildung ließ man die neun Frem-

Die erste Kampfschwimmergruppe der Fremdenlegion

denlegionäre wissen, daß sie ihre Prüfung bestanden hätten. Das Ereignis wurde mit dem Regimentskommandeur und einer Anzahl höherer Offiziere ausgiebig gefeiert.

Eine Gelegenheit, sich stundenlang im angenehmen Wasser des Mittelmeers zu tummeln, nahm Adolf an einem schönen Sonntagmorgen wahr. Zusammen mit einem Freund, der ein kleines Boot besaß und gern angelte, fuhr er auf die ruhige See vor der algerischen Küste hinaus. Mit seiner gesamten Ausrüstung und der Harpune ließ Adolf sich ins Wasser gleiten. Als er an einen Ort völliger Ruhe kam und nicht einen einzigen Fisch entdecken konnte, benutzte er einen alten Tauchertrick: Er zog seinen Dolch und klopfte mit der stählernen Klinge leicht auf die eiserne Sauerstoffflasche auf seinem Rücken. Der leise, metallische Glockenschlag lockte die Tiere herbei. Binnen weniger Minuten war

Adolf von Hunderten von Fischen umgeben, die erstaunt ihre großen Glupschaugen auf ihn richteten. Er spannte die Harpune, suchte sich aus der Menge einige fette Prachtexemplare, erlegte sie mit gezielten Schüssen und befestigte sie mit einer feinen Leine an seinem Hüftgurt als Jagdbeute. Und da geschah es.

Plötzlich sah Adolf in ziemlicher Nähe einen mittelgroßen Hai auf sich zukommen. Er registrierte die lauernd-langsame Fortbewegung des Tieres, sah die gefühllos-bösen Augen und erkannte das aufgerissene Maul mit den fürchterlichen Zahnreihen darin. Die Tatsache, daß unter Wasser durch die Sichtscheibe der Tauchermaske alles um ein Drittel größer aussieht, verlieh dem Schock, der Adolf in die Glieder fuhr, erheblichen Nachdruck. Der Hai hatte eine tiefblaue Farbe und begann, den Taucher zu umkreisen. Adolf schlug das Herz bis hinauf in den Hals. Er kniete sich auf den Boden, spannte in langsamen Bewegungen die Harpune, richtete sie auf den Hai und drehte sich langsam im Kreis herum, immer den Meeresräuber direkt vor sich. Das grausame Spiel dauerte endlose zehn Minuten. Dann auf einmal drehte der Hai tatenlos ab und machte sich davon.

Adolf merkte, daß er in seiner Angst viel mehr Sauerstoff verbraucht hatte. Schnell richtete er sich auf, schoß mit seinen Schwimmflossen senkrecht zur Wasseroberfläche hinauf und kraulte in Weltrekordgeschwindigkeit zum Boot zurück. Atemlos kletterte er über den Rand und riß sich keuchend die Maske vom Gesicht. Erstaunt wollte der Freund wissen, was denn passiert sei. Adolf schilderte sein Erlebnis. Er zitterte noch immer am ganzen Leib. Der erfahrene Angler fragte ihn ausführlich nach Größe, Gestalt und Aussehen des Haifischs. Als Adolf das Tier näher beschrieben hatte, glitt ein Lächeln über das Gesicht des Freundes. „Halb so schlimm", erklärte er dem immer noch blassen Kampfschwimmer, „das war ein Blauhai, der greift grundsätzlich keine Menschen an, sondern lebt nur von kleinen Fischen und Plankton ..." Aber auch diese tröstliche Feststellung konnte nichts daran ändern, daß Adolf noch am Abend desselben Tages weiche Knie verspürte.

Im März 1965 wurde die gesamte Kompanie zur Insel Korsika geschickt und vorübergehend in der nördlichen kleinen Hafenstadt Calvi stationiert, um mit der amerikanischen Mittelmeerflotte am Manöver „Fair Game I" teilzunehmen. Die Manöverbewegungen spielten sich rund um die ganze Insel ab. Im Golf von Santa Manza bei Bonifacio am südlichen Ende wurden auch die neun Kampfschwimmer unter Anführung von Feldwebel Karos eingesetzt. Am Ende des dreitägigen Manövers erklärten die amerikanischen Seeoffiziere, der Einsatz der Kampfschwimmer von der Fremdenlegion sei, ohne von U-Boot-Beobachtern aus der Luft entdeckt worden zu sein, so verlaufen, daß zwei Seekreuzer als versenkt und der Flugzeugträger „Enterprise" als schwer beschädigt anzusehen seien. Adolf und seine Männer reckten die Brust heraus und waren stolz wie die Pfauen.

Die Fallschirmjäger-Kompanie blieb in Calvi bis Ende April 1965. Einige Wochen lang hatte Adolf immer wieder zwischendurch Zeit, die Umgebung von Calvi und weite Teile Korsikas kennenzulernen. Und hier ging Adolf das erste echte, bleibende Liebesverhältnis seines Lebens ein: er verliebte sich in die Insel. Zum einen hatte es ihm die felsige, karge und immer wieder bizarre Landschaft angetan. Zum anderen überraschte ihn die Gastfreundschaft der Korsen, vor allem derer, die irgendwo draußen in der Einsamkeit der Berge und Schluchten lebten. Später erst wurde ihm bewußt, was ihn in so besonderem Maße innerlich ergriffen hatte – auf Korsika begegnete er erstmalig während seines Legionärslebens außerhalb des französischen Festlandes

Menschen, denen er nicht feindlich gegenüberzustehen hatte und die ihn ihre deutliche Zuneigung spüren ließen. Als die Kompanie nach Mers El Kebir zurückverlegt wurde und Adolf mit seinen Kameraden in einer großen „Nord Atlas 2005" über das Mittelmeer in Richtung Süden flog, da zog durch seine Gedanken ein neuer, nicht mehr niederzuzwingender Wunschtraum: Korsika!

Er machte vor Freude fast einen Luftsprung, als man ihm einen Tag nach der Ankunft in Mers El Kebir mitteilte, er habe sich unverzüglich mit einem Zug von 22 jungen Legionären, die gerade aus der Grundausbildung gekommen seien, nach Calvi auf Korsika abzusetzen, um sie dort zuerst als Fallschirmjäger auszubilden und anschließend aus ihnen eine Spezialkommandotruppe für Sabotage und Sprengstoffattentate zu machen. Seine Begeisterung richtete sich einzig und allein auf Korsika und kaum auf die Ausführung seines Auftrags. Aber er nahm die Sache ernst und arbeitete insgesamt vier Monate sehr hart mit den jungen Legionären. Während dieser Zeit übte er selbst immer wieder mit dem Fallschirm und stellte seinen eigenen Höhenrekord mit einem Absprung aus 5600 Metern auf. Als er oben aus dem Flugzeug sprang, herrschten dort 42 Grad minus. 120 Sekunden lang stürzte er in freiem Fall nach unten. Dann zog er die Leine, der Schirm öffnete sich, es gab den üblichen schweren Ruck, und als Adolf auf dem Boden ankam, herrschte dort eine Temperatur von 35 Grad plus. Adolf wußte, daß es bei den Fallschirmjägern andere Kameraden gab, die aus noch ganz anderen Höhen, beispielsweise bis zu 7200 Metern, abgesprungen waren. Aber dieser Absprung war für ihn schon ein Erfolgserlebnis.

Als die Übungs- und Ausbildungszeit mit den neuen Legionären abgeschlossen war, gab es eine Überraschung: In den Bergen um Calvi lief eine Gruppe von 20 israelischen

Jung-Offizieren herum, allesamt Fallschirmjäger und Kampfschwimmer in einer Person, wie Adolf Karos auch – und gegen diese hatten Adolf und seine 22 Jung-Legionäre übungsweise zu kämpfen. Drei Tage lang jagten sie sich gegenseitig durch die Felsen und Klippen und probierten alle Tricks und Kampftechniken aus, die sie beherrschten. Adolf spornte seine Burschen an und gab, was er konnte, um am Ende festzustellen, daß die Israelis ihnen haushoch überlegen waren. Heute muß er darüber schmunzeln, wie er damals soldatische Minderwertigkeitskomplexe bekam, wenn die Israelis ihr sichtlich größeres Können voll ausspielten und ihm zuweilen den Eindruck vermittelten, man lasse ihn an ausgestreckter Hand in der Luft verhungern. Als er nach Beendigung der Kampfübungen voller Bewunderung zu den stolzen Söhnen Abrahams hinging, um mit ihnen ins Gespräch zu kommen, mußte Adolf feststellen, daß sie sich völlig zurückzogen und an keinerlei persönlichem Kontakt interessiert waren. „Was ich heute auch höre und lese über die unglaubliche Schlagkraft der Israelis", stellt Adolf fest, „seit meinen Erfahrungen mit diesen Soldaten wundert mich nichts mehr."

Auf der Suche nach Ruhe

Im September 1965, Adolfs soldatische Tätigkeiten waren von einem herrlichen Sommer umrahmt gewesen, kehrte er zurück nach Mers El Kebir. Dort wartete auf ihn ein neuer Aufgabenbereich. Das Büro des Regimentsstabs brauchte dringend einen erfahrenen Unteroffizier als Verbindungsmann zu den algerischen Behörden. Dieser Dienst konnte zuweilen sehr delikate Seiten haben; denn das Verhältnis zwischen der ehemaligen Kolonialmacht Frankreich und dem nicht lange zuvor unabhängig gewordenen Staat Algerien unterlag noch manchen partiellen Spannungen und insgesamt einer gewissen Reizbarkeit. Adolf konnte, unter Einsatz von viel Verstand und Fingerspitzengefühl, das zustande bringen, was man von ihm erwartete. Zu tun hatte er ständig sowohl mit dem Bürgermeister von Mers El Kebir als auch mit dem Polizeipräfekten von Oran. Das Problem, mit dem man sich auseinanderzusetzen hatte, war im Grunde immer dasselbe: Die Fremdenlegionäre unterstanden dienstlich dem französischen Gesetz, in ihrem privaten Leben aber den Gesetzen der Algerier.

Diesen Dienst versah Adolf bis Anfang Januar 1966. Während jener Zeit hielt er bereits intensive Verbindungen nach Calvi aufrecht. Dort auf Korsika stand nämlich eine der modernsten Kasernen Frankreichs, die einige Jahre zuvor von den Fallschirmjägern der regulären französischen Armee gebaut worden war, leer. Seit Ende 1963 hatte das 2. Fallschirmjäger-Regiment der Fremdenlegion dort eine Vorhut von 25 Mann stationiert. Diese sollte die geplante Verlegung des gesamten Regiments von Mers El Kebir an der algerischen Küste hinüber nach Calvi auf Korsika vorbereiten. Adolf hatte herausbekommen, daß auf der Insel für ihn die Position eines Verantwortlichen für das gesamte Materialwesen, von den Waffen über die Kraftfahrzeuge bis zur Verpflegung und Kleidung, in Aussicht stand. So wurde er ab Januar 1966 Stellvertreter des Versorgungsoffiziers und Mitglied des auf Korsika stationierten Truppenteils.

Bereits 1965 hatte Adolf in sich den Vorsatz gefaßt: „Wenn ich in einigen Jahren der Legion den Rücken kehre und als Zivilist leben werde, dann nur auf Korsika, und das so weit wie möglich zurückgezogen." Er hatte zwar gerade erst 30 Lebensjahre überschritten, und doch stellte sich bei ihm ein deutlicher Überdruß ein. Viele Jahre lang war er immer wieder nur herumgereist, hatte das Leben in Kasernen, auf Schlachtfeldern, Truppenübungsplätzen, hoch in den Lüften, auf dem Grunde des Meeres und nicht zuletzt auch wiederholt und wiederholt in Restaurants und Gasthäusern, oftmals ganze Nächte hindurch feiernd, verbracht. Auf einmal hatte er von alledem genug, mehr als genug. In ihm meldete sich das starke Bedürfnis, endlich zur Ruhe zu kommen. Was Adolf damals noch nicht bewußt erfaßte, sondern erst viel später, war die Tatsache, daß sein Fortlaufen von daheim, sein unstillbarer Selbständigkeitsdrang, sein zeitweise fast krankhaftes Fernweh und sein ganzes wildes Leben bei der Fremdenlegion in Wirklichkeit nichts anderes waren als Ausdruck einer großen inneren Unruhe. Die nun bei ihm begonnene Suche nach äußerer Ruhe entsprang letztlich seinem tiefen Sehnen nach innerer, wahrer Geborgenheit. Noch war Adolf Karos einerseits der durchtriebene, überaus diplomatische, mit allen Wassern gewaschene, andererseits der kämpferisch hervorragend ausgebildete, impulsive und zuweilen sehr aggressive Naturmensch. Und dieser hatte noch keinen wirklichen Durchblick durch sich selbst.

Bei seinen privaten Ausflügen über weite Gebiete der Insel war ihm schon im Jahr 1965 an der Nordwestküste etwa 500 Meter hoch in den Bergen die verwunschene kleine Ortschaft San Antonino aufgefallen. Das Dorf lag dort auf der Höhe wie ein großes Adlernest. Die Häuser, dicht aneinandergedrängt, schienen wie aus dem Felsen herausgewachsen zu sein. Beim ersten Anblick hatte San Antonino auf Adolf so gespenstisch und mittelalterlich gewirkt, daß er es nur von außen eingehend gemustert, sich aber nicht hineingewagt hatte. Das Bild jedoch hatte er vor seinem geistigen Auge behalten, und den Namen hatte er sich gut eingeprägt: San Antonino. Nach seiner Versetzung im Januar 1966 hatte Oberfeldwebel Karos in Calvi viel freie Zeit zur Verfügung. Schnell hatte er das richtige Gespür dafür entwickelt, wann seine Anwesenheit bei der Legion gefragt war und wann er sich davonmachen konnte und dies niemand auffiel. Manchmal blieb er eine ganze Woche fort, durchstreifte mit seinem eigenen Auto die ganze Insel, und in der Kaserne fragte keiner nach ihm. So fing er an, sein Zivilistenleben auf Korsika gründlich vorzubereiten. Dazu gehörte auch, daß er sich mehrfach in San Antonino umschaute und dort Ende 1967 von einer Griechin ein uraltes, romantisches Kellergewölbe kaufte, um dieses auszubauen und sich eine Wohnung darin einzurichten.

Im Sommer 1966 beobachtete Adolf mit wachen Augen, wie die saisonbedingte Touristenwelle über Korsika hinwegschwemmte. Vorwiegend Briten, Skandinavier und Franzosen tummelten sich in mehr oder weniger unmöglichen Bekleidungen, mit Fotoapparaten und Fernrohren bewaffnet, an historischen Plätzen, in schönen alten Ruinen und überall, wo ihre Erscheinungen innerhalb des Gesamtbildes einen Stilbruch bedeuteten; sonst aalten sie sich an den Stränden in der Sonne oder tobten durch die sanfte Brandung des Mittelmeeres. Adolf verspürte dadurch nur noch mehr den Wunsch nach einem Leben in der Einsamkeit der Berge. Die ersten deutschen Touristen, die er auf der Insel entdeckte, waren junge Mädchen, die wegen der dort stationierten Fremdenlegion nach Calvi kamen – ihr Auftreten registrierten die Legionäre bald als einen „Sturm wie die Bienen auf den Honig". In den nächsten Jahren kamen immer weniger Engländer. Dafür drängten mehr bundesdeutsche Reisegesellschaften mit ihrer Kundschaft nach Korsika. Der Bedarf an Hotels und sonstigen Gästeunterkünften stieg ständig. Unter anderem entstand am Ortsrand von Calvi, ziemlich nah am Strand zwischen hohen Pinien und mittelgroßen Eukalyptusbäumen gelegen, mit dem Geld eines deutschen Adeligen eine schmucke, moderne Herberge, das Calvi Hotel.

Schon während seiner Dienstzeit bei der Legion schnupperte Adolf zusammen mit befreundeten Korsen einen fetten Braten und stieg mit ihnen ins Maklergeschäft ein. Die freundschaftlichen Verbindungen mit Einheimischen nahmen bei Adolf dermaßen zu und füllten ihn oftmals so aus, daß er fast seinen Dienst in der Kaserne darüber vergaß. Nebenbei hatten sie sich auch da und dort mit den Touristen zu befassen. Die Deutschen waren Adolf nicht selten ein Ärgernis. Oft hörte er sie sich unterhalten, während sie nicht ahnten, daß er ihre Sprache verstand. Da fielen nicht selten abfällige Bemerkungen über den geringeren Wohlstand und den einfacheren Lebensstil der Korsen. Adolf dachte an die Zeit zurück, in der er noch als Junge auf dem Hunsrück gelebt hatte. In der Speisekammer seiner Mutter hatte es noch keinen Kühlschrank gegeben, sondern nur jenes mit Fliegendraht umspannte und mit zwei Klapptüren versehene Regal für die Lebensmittel. „So habt ihr doch alle vor ein paar Jahren selber noch gelebt", dachte Adolf bei sich, „und jetzt riskiert ihr hier die große Lippe ...!" Aber er sprach es nicht aus. In Calvi übrigens wußte kaum jemand, daß er zur Legion gehörte. Denn außerhalb der Kaserne bewegte er sich grundsätzlich nur in ziviler Kleidung.

Noch einmal nahm ihn ganz die Legion in Beschlag, als im Sommer 1967 das 2. Fallschirmjäger-Regiment nahezu komplett nach Calvi zog und nur eine kleine Abteilung in Mers El Kebir zurückließ. Kurz darauf kehrte für Adolf der gemütliche Trott wieder ein, innerhalb dessen er sich bereits mehr als Zivilist auf der Insel bewegte denn als Legionär. Zwischendurch verschwand er immer wieder für einige Tage aus Calvi, um draußen in San Antonino am Ausbau seiner kleinen Wohnung zu arbeiten. Dies begann er ohne jede Ahnung vom Umgang mit Baumaterial. Zunächst mischte er sich seinen Mörtel, ohne zu wissen, in welcher Reihenfolge Zement, Sand und Wasser zusammengerührt werden müssen. Unausweichliche Folge: Von fünf Kellen Mörtel, die er an die Decke klatschte, fielen ihm vier ins Gesicht zurück. Daraufhin schaute er sich eingehend auf Bauplätzen um und befragte auch die Handwerker. Beim Nachmachen von deren Arbeiten kam er sich bald vor wie ein Affe aus dem Urwald Indochinas. Und zwischendurch fiel ihm wieder ein, was der Vater gesagt hatte: „Wer nicht studiert, kann nichts anderes werden als Handlanger!" Nein, das war er nun doch nicht geworden. Der Vater war kein Prophet gewesen.

1968 legte Adolf sich einen deutschen Schäferhund zu. „Iblis" wurde sein treuester Begleiter, vor allem bei den ausgedehnten Bergtouren, die er immer wieder unternahm. Adolf war zu allen Zeiten tierlieb gewesen. Schon viele Jahre zuvor in Indochina, draußen auf den Kautschukplantagen bei Dau Tieng, hatten er und seine Kameraden sich mitten im Kriegsgetümmel jeder ein Tier gehalten: der eine versorgte einen herrenlosen Hund, ein anderer fütterte ein ihn regelmäßig besuchendes Huhn, und Adolf hatte sich, nachdem eine Tigerin von einem Legionär erlegt worden war, ein Tigerbaby mitgenommen und es mit der Milchflasche großgezogen. Den jungen Tiger mußte er damals einem am Ort verbleibenden Kameraden überlassen, als Adolf zum nächsten Standort abkommandiert wurde. Das brauchte nun bei Iblis nicht mehr vorzukommen. Er war dabei, wenn Adolf über die Hälfte des Jahres entweder in den Bergen oder auch in den Ortschaften Korsikas unterwegs war.

Abschied von der Legion

Das Jahr 1969 kam ins Land, und für Adolf Karos näherte sich das Ende seiner Dienstzeit in der Fremdenlegion. Kurz vor Schluß gab es für die Bürger von Calvi, die den flotten Deutsch-Franzosen längst kannten, eine Überraschung: Als Adolf bei einer militärischen Zeremonie am Ehrenmal mitten in der Stadt auf dem Denkmalsplatz unterhalb der Zitadelle einen Kranz niederzulegen hatte, trug er Uniform – und erst jetzt bemerkten sie mit großem Erstaunen, daß er ja Fremdenlegionär war. Doch es dauerte nicht mehr lange. Und daß er ein für allemal von der Legion weggehen wollte, stand für ihn unwiderruflich fest. Außerdem fand er das

Geld, das er nach seinem Ausstieg monatlich vom französischen Staat zu erwarten hatte, ausreichend. Da lepperte sich nämlich ganz hübsch einiges zusammen. Jedes Jahr in Indochina wurde wie drei Rentenjahre gerechnet, jedes Jahr in Afrika wie zwei Rentenjahre; dazu wurden jeder Fallschirmabsprung und jede Flugstunde in Rententagen angerechnet – und so kam Adolf am Ende von fünfzehneinhalb Dienstjahren bei der Legion auf insgesamt rund 40 Rentenjahre. Daraus ergab sich für ihn eine Rente in Höhe von 80 Prozent des Grundgehalts als Hauptfeldwebel, der er inzwischen geworden war.

Im Juni 1969 war es soweit. Man suchte sich im Terminkalender einen günstigen Termin und bestellte Adolf zu einem längeren Gespräch beim Oberst. Dem Gespräch folgte der übliche gemeinsame Apperitiv, danach zusammen mit allen Unteroffizieren vom Oberfeldwebel an aufwärts sowie dem Capitain, einem Major und dem Regimentskommandeur ein feudales Diner. Zum Abschied bekam Adolf sogar einige wertvolle Geschenke überreicht, darunter eine Kamera.

Am Ausbau seiner Wohnung in San Antonino hatte Adolf ein Jahr lang mit kurzen Unterbrechungen gearbeitet. Nun war sie fertiggestellt, und unmittelbar nach seinem Ausstieg aus der Fremdenlegion zog er dort ein. Alle 65 Dorfbewohner kamen herbei und schauten zu. Als er sie freundlich hereinbat, kamen sie über dem, was er aus der zuvor buchstäblich verfallenden Höhle gemacht hatte, aus dem Staunen nicht heraus. Der nächste, der kurze Zeit später in Staunen verfiel, war Adolf selber. Da bemerkte er, daß er bei weitem nicht der erste weitgereiste Zeitgenosse war, der San Antonino als Ort der abgeschiedenen Ruhe entdeckt hatte.

In dem Dorf dort oben auf den Felsen, wo die Zeit stehengeblieben zu sein schien, lebte bereits die Gräfin de la

Rochefoucauld, Mitglied des französischen Hochadels; zu Wochenendtrips oder Urlaubsaufenthalten kamen Frankreichs damaliger Premierminister Michel Debré und der berühmte Ledermoden-König Hermes aus Paris, die in San Antonino eigene Häuser besaßen. Und immer wieder tauchte ein amerikanischer Filmproduzent namens MacGregor auf, nicht selten mit allen möglichen weltberühmten Filmstars im Gefolge. Vor allem in den Sommermonaten war das kleine Adlernest in den Bergen über der Küste ein Treffpunkt internationaler Prominenz aus Adel, Filmwirtschaft, Politik und Industrie.

Adolf lernte sie alle persönlich kennen und wunderte sich angesichts ihrer erfrischend natürlichen Lebensart bald nicht mehr, daß sie einen schlichten Ex-Fremdenlegionär so selbstverständlich in ihre Reihen aufnahmen. Andererseits fiel ihm aber auch auf, daß sie sich untereinander zuweilen ausgesprochen snobistisch aufspielten. Wie ernst sie sich dabei jeweils selber nahmen, war nie mit endgültiger Sicherheit auszumachen. Auf jeden Fall waren diese Prominenzen so völlig anders, als die breite Masse sie in der Klatschpresse durchweg vorgestellt bekam. Adolf fühlte sich unter ihnen, auch wenn sie seinen Traum von der großen, wohltuenden Einsamkeit in San Antonino zunächst gründlich zunichte gemacht hatten, ausgesprochen wohl.

Eines Tages im Sommer tauchte im Dorf ein junges, gut aussehendes Touristenehepaar auf. Der Mann steuerte einen kleinen Leihwagen von der Küstenstraße herauf. Die beiden stiegen aus und kamen mit den Menschen im Dorf in ein freundliches Gespräch. Dann ließen sie sich nieder und tranken mit ihren Gastgebern einen Kaffee. Dies wiederholte sich an vier weiteren Tagen. Adolf und einige seiner Freunde fragten sich bereits, ob die beiden netten Leute wohl auch irgendwann demnächst nach San Antonino ziehen und dann zu ihrem bunten Kreis gehören würden. Die zwei wären mit Sicherheit bei allen sehr willkommen gewesen. Am sechsten Tag erschienen sie nicht mehr. Stattdessen rollte plötzlich eine große Meute Reporter und Pressefotografen an, die für wenige Stunden das ganze Dorf durcheinanderbrachten. Sie waren wie geifernde Jagdhunde auf der Suche nach Prinzessin Beatrix der Niederlande und ihrem deutschen Ehemann Klaus von Amsberg, deren Schiff tagelang in Calvi gelegen hatte, die ihnen aber jedesmal durch die Lappen gegangen waren ...

Sowohl Freunden aus früheren Zeiten als auch solchen aus dem neuen illustren Kreis hatte Adolf, wenn sie ihn besuchten und Interesse zeigten, etwas Besonderes zu bieten. Er nahm sie gern mit auf Bergtouren. Das dazu auch für seine Gäste nötige Bergsteigermaterial hatte er sich angeschafft und stellte es zur Verfügung. So manchem vermittelte er auf diesem Wege neue Eindrücke von der Schönheit der Insel, wie sie normale Touristen nie erlebten. Bald mehrten sich auch die persönlichen Einladungen nach Paris und in andere französische Zentren, denen Adolf mit Interesse folgte. Zwischenzeitlich trieb er sich somit auf dem Festland, vorwiegend in Paris, auf allen nur erdenklichen Parties herum – einmal bei einer Herzogin, ein anderes Mal bei einem Minister, dann wieder bei diesen und jenen Film- und Bühnenschauspielern.

Und dann kam der Tag, an dem Adolf plötzlich und unerwartet auf den harten Boden der Wirklichkeit heruntergeholt wurde. Der französische Staat sandte ihm eine Steuerforderung in fünfstelliger Höhe ins Haus, angefügt zugleich eine saftige Geldstrafe, weil er seit seiner Zeit in Algerien einige Steuerrechnungen ständig vor sich hergeschoben hatte. Das Schreiben, das er an einem sonnigen Samstagmorgen öffnete, tat ihm kund, daß zwei Tage später, am

Montag in der Frühe, der Gerichtsvollzieher bei ihm erscheinen und sein Haus pfänden werde. Adolf schloß für mehrere Sekunden die Augen und holte ganz tief Luft. Was nun? Alles stehen und liegen lassen und sich nach Deutschland davonmachen? Oder sonst irgendwohin ans Ende der Welt? Er besann sich darauf, daß er nach Korsika gekommen war, um einen Platz der Ruhe zu finden, daß er auf der Insel bereits ungezählte Freundschaften geknüpft hatte und dabei selber schon ein halber Korse geworden war, daß er in seine neue Bleibe auf der Höhe von San Antonino schon zu viel Schweiß, Liebe und Geld investiert hatte und er sich hier zu Hause fühlte. Und dann war es ihm klar: Diesmal wird nicht mehr ausgekniffen!

Sofort sprang er in seinen Wagen und rollte los in Richtung der Küstenstadt Île Rousse. Der dort wohnende, für ihn zuständige Finanzbeamte war ihm seit Jahren gut bekannt. Während er sich durchs Marktgewühl der Innenstadt von Île Rousse hindurchsuchte, um die richtige Straße zu finden, entdeckte er den Beamten mit Frau und Kind und Einkaufstasche an der Hand. Er sprang aus dem Auto und begrüßte ihn. Als Adolf seinen Kummer vorgetragen hatte, sagte der Finanzbeamte zu seiner Frau: „Geh du mit dem Kind weiter einkaufen, ich muß mit diesem Herrn jetzt ins Büro." Der Beamte telefonierte den Gerichtsvollzieher an, daß er am Montag nicht in San Antonino bei Monsieur Karos zu erscheinen brauchte. Adolf versprach dafür, daß er sich auf der Stelle Arbeit suchen und die Schulden in einem Jahr abstottern werde.

So fand der Sommer 1975 für Adolf Karos seit langem einmal nicht mehr in den Bergen und an den Stränden statt, sondern hinterm Tresen in der Agentur eines Touristikunternehmers in Calvi. Es dauerte nicht lange, da kam er sich vor wie ein Würstchenverkäufer. Die Leute kamen, legten

Geld hin und erhielten dafür eine Ware in Form von Reisen aller Art. Dabei aber entdeckte Adolf sehr bald seine starke Seite: Er verkaufte Inselrundfahrten. Die Kunden davon fast ohne Ausnahme zu überzeugen, gelang ihm deshalb, weil er selbst von der Insel so restlos begeistert war und diese Begeisterung auf sie übertrug und weil er bei seinen Schilderungen eine nahezu einmalige Sachkenntnis an den Tag legte.

Gegen Ende der Saison 1975 kam an einem Sonntagmorgen der Chef des Touristikunternehmens zu ihm und ordnete an, daß die Agentur für diesen Tag dichtgemacht werden sollte. „Bitte, kommen Sie mit mir ins Calvi Hotel", sagte er zu seinem Mitarbeiter, „dort müssen Sie mir helfen. Ich brauche Sie als Dolmetscher. Da haben wir mit einer deutschen Sekte zu tun, für die wir das gesamte Inselreiseprogramm übernommen haben."

„Ich bin durch die Welt gegangen"

„Ich gehe nicht einmal in die Kirche", fuhr Adolf auf, „und noch weniger möchte ich mit einer Sekte zu tun haben – zumal es auch noch eine deutsche ist ...!" Er habe höchstens Lust, dazu beizutragen, daß diese Typen von Korsika weggeekelt würden. Der Chef aber blieb bei seiner Aufforderung. Und so kreuzten die beiden an jenem Sonntagmorgen gegen 11 Uhr im Calvi Hotel auf. Adolf sah einige Leute durcheinanderlaufen und erkundigte sich nach dem verantwortlichen Leiter der Gruppe. Das war eine selbstbewußte Dame mit rötlich-blondem Haarschopf, die sich als Ursula Nowak vorstellte und die beiden Herren in ausgezeichnetem Französisch willkommen hieß. Sie kam sofort zur Sache und fragte, welche Halbtagsfahrten das Reiseunternehmen für die kommenden Tage anzubieten habe. Adolf bot ihr zum einen eine Fahrt über die Dörfer entlang der nordwestlichen Küste und ein wenig ins Innere der Insel und zum anderen eine Tour in den Wald von Bonifato an. Die Dörferfahrt kannte Frau Nowak bereits, und so vereinbarte sie die Fahrt in den Wald von Bonifato. Sodann forderte sie mit der ihr eigenen freundlichen Bestimmtheit die Begleitung durch einen deutschsprachigen Reiseleiter.

Adolf fiel vor Schreck der Kinnladen herunter. Das hatte er noch nicht erlebt, daß jemand für eine Fahrt in einen Wald einen Reiseleiter verlangte. Was für Fragen sollte ein Reiseleiter in einem Wald zu beantworten haben? Diese Überlegung kleidete er dann auch in eine vorsichtige Rückfrage. Doch die Dame aus Deutschland ließ sich auf keine Diskussion ein und bestand weiter auf ihrem Wunsch. So blieb dem korsischen Touristikunternehmer nichts anderes übrig, als sich an Adolf Karos zu wenden: „Dann fahren Sie bitte mit!" Adolf war entsetzt darüber, daß er an einem Montagnachmittag am Waldausflug dieser Gruppe teilnehmen mußte und nahm sich im Stillen zähneknirschend vor, dieser deutschen Sekte eins auszuwischen. Wie, das wußte er noch nicht. Aber bis zum nächsten Tag würde ihm schon noch etwas einfallen. Als es soweit war, rollte er mit in einem von zwei modernen Reisebussen des korsischen Unternehmers zum Calvi Hotel, wo rund 90 Menschen bereits aufgeregt warteten und munter schwadronierten. Sie stürmten in die Busse hinein, hatten die Plätze schnell besetzt, und los ging die Fahrt. Zum ersten Mal in seinem Leben fand

Adolf sich auf dem Sitz eines Reiseleiters vor. „Ich hab ja schon viel im Leben gemacht", dachte er ziemlich ratlos, „aber dieses noch nicht ..." Der Busfahrer griff zu einem Mikrophon und drückte dieses, nachdem er sich kurz über die Bordlautsprecher auf französisch vorgestellt hatte, Adolf in die Hand. Der brachte zunächst kein Wort heraus. Seine um das Mikrophon geschlossene Hand wurde vor Aufregung feucht. Er wußte, daß er nun etwas sagen mußte, aber es fiel ihm nichts ein. Da half ihm einer der Fahrgäste, indem er ihn ansprach: „Wie heißen Sie denn?" In seiner Nervosität fiel die Antwort nicht gerade höflich, aber doch originell aus: „Ich bin 1933 in Deutschland geboren – wie kann ich schon anders heißen?" Die Busbesatzung brach in schallendes Gelächter aus, und von da an nannten ihn die Deutschen nur noch: „Herr Reiseleiter Adolf!"

Bis zum Flughafen von Calvi blieb Adolf wieder stumm. Ab da aber gaben ihm die Fahrgäste durch ihre fortlaufenden Fragen ein wenig Unterricht in Reiseleitung. Vieles, was für Adolf die alltäglichsten Dinge der Welt waren, versetzte die deutschen Gäste auf der Insel Korsika in Staunen, so beispielsweise die bis dicht an die Straße gepflanzten flachen Weinfelder. Die Deutschen schienen so etwas nur an sonnenbeschienenen Berghängen, zumeist an Rhein und Mosel, zu kennen. Adolf erklärte seinen aufmerksamen Zuhörern die Höhen und Besonderheiten der umliegenden, teils schneebedeckten Gipfel, die er selbst schon einige Male bestiegen hatte. Zwischendurch hatte die Sekte die Angewohnheit, immer wieder einmal ein Lied anzustimmen. Adolf begann angestrengt nachzudenken und herumzurätseln, wo er diese ihm seltsam erscheinenden Leute mit ihren Ansichten wohl einzuordnen hätte. Doch bei den Liedern fiel ihm nur eines auf: Es kam immer wieder der Name „Jesus" darin vor.

Im Wald von Bonifato angekommen, war Adolf froh, aus dem Omnibus springen und sich eine Zigarette anzünden zu können. Doch aus der erhofften kurzen Ruhepause wurde nichts. Die Fahrgäste aus beiden Bussen umringten ihn dicht und wollten alle möglichen und unmöglichen Dinge über den Wald wissen. Die meisten Fragen kamen ihm reichlich belanglos vor. Einige fand er aber auch ziemlich vorwitzig. Man fragte ihn nämlich nach seiner Person. Und als eine Frau von ihm wissen wollte: „Sagen Sie mal, wie kommt man nach Korsika?", da sah er seine kleine Chance, diesen Leuten eins auszuwischen: „Entweder wie Sie, mit 'nem Flugzeug oder mit 'nem Schiff – wäre schon mal jemand her-übergeschwommen, so wäre das der absolute Weltrekord gewesen!" Die Fragestellerin sagte nichts mehr. Aber die anderen ragierten freundlich und sprachen weiter mit ihm. Nach einer Weile hatten sie so viel gefragt, daß sie von Adolf herausbekamen, daß er einst als Fremdenlegionär auf die Insel gekommen sei.

Von jetzt an ging es weder um den Wald noch um Korsika. Das Gespräch drehte sich vielmehr, was ihm gar nicht lieb war, um Adolfs Person. Er hätte es vorgezogen, diesen Menschen eins über die Nase zu geben, damit er endlich seine Ruhe haben würde. Aber sein Problem war, daß er auf so viel unbeirrbare Freundlichkeit nur mit Freundlichkeit reagieren konnte. Als sie abends wieder am Calvi Hotel an-kamen, war er abermals von den Passagieren dicht umringt. Die Leute ließen ihn unmißverständlich wissen, daß sie für jede weitere Ausflugsfahrt eine Bedingung stellten: Er müsse als Reiseleiter mitfahren. Adolf mochte sich drehen und wenden, wie er wollte. Er kam an diesen Menschen nicht vorbei. Das erfuhr denn auch sein Chef. Der war damit sehr zufrieden, weil er sein Geschäft mit dieser deutschen Sekte gut laufen sah. „Ich möchte nur herausfinden", sagte

Adolf zu dem Touristikunternehmer, „was das für'n Verein ist." So ganz unsympathisch war ihm die Gruppe schon längst nicht mehr. Und so stellte er seine Nachforschungen an, indem er fast jeden Feierabend von sich aus ins Calvi Hotel ging.

Sehr schnell hatte er herausgefunden, daß es sich um eine Freizeitgruppe des Missionswerks „Neues Leben" handelte. Aber mit diesem Begriff wußte er nichts anzufangen. Wenn Adolf abends in das Hotel kam, hockte die Gruppe meistens in einem Saal beieinander. Er blieb dann draußen an der Hotelbar sitzen und wartete. Jeweils gegen 20.30 Uhr beobachtete er, wie es da drinnen ganz still wurde. Die Köpfe senkten sich. Eine einzige Stimme war kurz zu hören. Dann standen sie alle auf und kamen heraus, weil die Veranstaltung zu Ende war. An der Bar kamen die freundlichen Leute mit Adolf ins Gespräch. Meistens drehte es sich um Korsika. Einige luden ihn auch ein: „Sie brauchen doch nicht hier draußen sitzenzubleiben. Warum sind Sie nicht hereingekommen und haben sich zu uns gesetzt?" Dazu aber war er noch nicht bereit. Er sah die Gruppe mehr oder weniger als eine geschlossene Gesellschaft an, weil er nicht wußte, daß diese Abendveranstaltungen für jedermann offenstanden. Das eine war ihm bei seinem Warten draußen wiederum aufgefallen: Die Leute stimmten bei ihren Zusammenkünften die gleichen Lieder an, die er von ihnen auch schon im Omnibus zu hören bekommen hatte.

Bis November 1975 wechselte sich im Calvi Hotel eine 14-Tage-Freizeit mit der anderen ab. Adolf wurde von seinem Chef beauftragt, jeweils beim Transfer der Gäste am Flughafen behilflich zu sein. Das sicherte dem Touristikunternehmer gegenüber jeglicher Konkurrenz das Geschäft mit „Neues Leben" – und brachte Adolf immer wieder mit den frommen Leuten zusammen. Er gewöhnte sich daran, jeden zweiten Sonntag vormittags auf dem Flughafen Calvi seinen Dienst zu tun. Die einen Freizeitgäste machten sich auf den Heimweg, die Teilnehmer einer neuen Freizeit schwebten von Norden her ein. Ein Freizeitleiter reichte Adolf an den nächsten weiter, und er fühlte sich bald wie ein Stück Mobiliar dieses Missionswerks. Und noch immer hatte er nicht herausgefunden, bei welcher Kirche oder religiösen Institution er diese Menschen und ihre Tätigkeit einzugruppieren hatte. Dabei lernte er mit der Zeit in jenem Jahr außer Ursel Nowak auch den Evangelisten Heinz-Dieter Schäfer kennen, sodann Evangelist Wolfgang Rüschoff und seine Frau Inge, mit denen ihn bald ein besonders freundschaftliches, enges Verhältnis verband.

Über kurz oder lang tauchte auch aus Altenkirchen im Westerwald, wo „Neues Leben" ansässig ist, der Geschäftsführer des Missionswerks, Herbert Müller, auf. Er hatte inzwischen viel über den deutschstämmigen Ex-Fremdenlegionär auf Korsika, der den Freizeitgästen stets behilflich war und einen so unterhaltsamen Reiseleiter abgab, gehört und wollte ihn unter anderem gern kennenlernen. Herbert Müller verkörperte in besonderem Maße das, was Adolf an den Freizeitlern im Stillen so bewunderte: Die waren so unverkrampft, urwüchsig und natürlich – ihre Lieder sangen sie aus vollem Herzen, und ihr Glaube war für sie die selbstverständlichste Sache der Welt. Herbert Müller beeindruckte Adolf aber vor allem dadurch, daß er neben seiner unwiderstehlichen Freundlichkeit ständig einen gewissen jugendlich wirkenden Übermut an den Tag legte. Und bald fand Adolf auch heraus, weshalb Müllers rastlose Art, sich für die Belange des Missionswerks einzusetzen, ihm bei den anderen Mitarbeitern den Spitznamen „Unser Motor ohne Bremse" eingebracht hatte.

Nach und nach erhielt Adolf Karos durch eingehende Gespräche mit den Freizeitleitern einigermaßen Klarheit darüber, was ein Unternehmen wie „Neues Leben" ist, wie es seinen Auftrag versteht und welche Arbeit es tut. Als erstes mußte Adolf sich von dem Vorurteil trennen, bei den Freizeitlern handele es sich um eine „geschlossene Gesellschaft"; denn sie gehörten keineswegs alle einer bestimmten religiösen Gruppe oder Konfession an. Sie kamen aus der gesamten Bundesrepublik Deutschland sowie aus Österreich und der Schweiz in die Freizeiten nach Korsika und hielten sich zu Hause zu vielerlei Kirchen, Gemeinden und Gemeinschaften. Ganz ähnlich zusammengesetzt war auch die Mitarbeiterschaft selbst, die teils aus Evangelisten und Predigern, teils aus Vertretern aller möglichen anderen Berufe bestand, die sich aber alle einem einzigen Ziel verschrieben hatten: durch Evangelisationen, Bibelunterricht und Freizeiten dem Evangelium fernstehende Menschen mit der Bibel und dem Namen Jesu bekanntzumachen.

Bei diesem umfangreichen Lernprozeß, das Missionswerk und seine Gäste näher kennenzulernen, war die angenehmste Überraschung für Adolf, daß hier niemals in Richtung einer bestimmten Kirche, Kofession, Organisation oder Sekte gearbeitet wurde. Adolf erkannte erstmalig, daß er unrecht tat, wenn er diese Menschen weiter als „Sekte" ansah oder gar in Gesprächen mit seinem Chef so bezeichnete. Diese Menschen behaupteten niemals: „Wir allein haben recht!" Sie erklärten im Blick auf alle Fragen des Lebens: „Die Bibel als Gottes Wort hat recht." An keiner Stelle war von ihnen zu hören: „Es kommt für dein Seelenheil darauf an, daß du mit uns gehst!" Stattdessen wurde immer wieder mit Nachdruck herausgestellt: „Es kommt darauf an, daß du mit Jesus gehst."

Was war das für eine Lehre? Wie kamen diese Leute dazu, ihre Einstellung so kompromißlos zu vertreten, ohne dabei organisatorische Zusammenschlüsse, Machterweiterung und „zahlende Kundschaft" gewinnen zu wollen? Adolf bekam auf seine Fragen schlichte Antworten: Die Lehre war so alt wie die Bibel und bestand aus nichts anderem als den Aussagen der Bibel. Es ging um die alte, unumstößliche Wahrheit, daß der ewige Gott, vor dessen Heiligkeit und Gerechtigkeit keine Sünde bestehen kann, aus Liebe zu den Menschen seinen Sohn in die Welt sandte, damit er die Todesstrafe für die Sünden der Menschen auf sich nehmen und uns allen den Weg zum ewigen Leben, zu Errettung bahnen sollte.

Es komme, so erläuterte Evangelist Wolfgang Rüschoff Adolf den Kern der Sache liebevoll und mit aller feinen Zurückhaltung, für ihn einzig und allein darauf an, diese zentrale biblische Botschaft im Glauben anzunehmen und sein ganzes Leben Jesus Christus, dem Sohn Gottes, anzuvertrauen. Der ehemalige Legionär war zu welterfahren, als daß er sogleich mit fliegenden Fahnen das Lager gewechselt hätte. Er nahm das Angebot und die Aufforderung mit Interesse zur Kenntnis, beschränkte sich aber weiterhin aufs Zuschauen, Zuhören und Überprüfen. Mittlerweile hatte er jene erste Scheu abgelegt und nahm nun mehr oder weniger regelmäßig an den Abendveranstaltungen im Calvi Hotel teil. Da gab es mal einen Vortrag mit Dias, mal seinen Singeabend mit Lieder-Wunschprogramm, mal eine Betrachtung eines bestimmten Textes oder Themas aus der Bibel, und am Ende jeder Freizeit war ein bunter Abschiedsabend an der Reihe, bei dem die Freizeitler sich immer mit vielen lustigen Beiträgen einsetzten und die Vergnüglichkeit hohe Wellen schlug. Bei alledem kam in einem Punkt jedoch nie ein Zweifel auf: Der Name „Jesus" stand immer irgendwie im Mittelpunkt.

Vorläufig waren es weniger die unmittelbaren Gedanken,

die er wälzte – er spürte es irgendwo viel tiefer im Herzen, daß diese Menschen, so unterschiedlich und bunt durcheinandergewürfelt sie waren, von Grund auf anders waren. Die hatten etwas, was er nicht hatte. Und dieses Etwas schien das zu sein, was ihm in Wirklichkeit fehlte. Eben dies war es, was ihn immer wieder zu diesen Menschen und ihrer Gemeinschaft hinzog. Wirklich bewußt war er sich dessen noch nicht, aber er kam einfach zu ihnen und fühlte sich unter ihnen in einer Weise wohl, wie er das nie zuvor in seinem Leben gekannt hatte. Eines ihrer Lieder, die sie zuweilen so spontan anstimmen konnten, traf ihn besonders. Denn es umriß in wenigen knappen Versen sein ganzes Leben:

> *Ich bin durch die Welt gegangen,*
> *und die Welt ist schön und groß;*
> *und doch ziehet mein Verlangen*
> *mich weit von der Erde los.*

Das war seine ganz persönliche Realität: Er war in der Tat durch die Welt gegangen, rund um den halben Globus, hatte die Menschen gesehen und sie sowohl mordend und sterbend in Indochina und Afrika als auch prunkvolle Feste feiernd in den Pariser Palästen kennengelernt. Und nichts, aber auch gar nichts, was sie alle, was er selbst im Leben bisher angestellt, versucht oder auch mit Ausdauer betrieben hatte, hatte ihn oder irgend jemanden auf dem Weg zu Gott auch nur einen Millimeter vorangebracht. Was ihm, was allen seinen bisherigen Bekannten in der weiten Welt fehlte, war echter innerer Friede, war genau die Ruhe, die er seit langem suchte, die Ruhe, von der in dem Lied die Rede war, die Ruhe, die Jesus Christus in seinem Wort den Mühseligen und Beladenen anbietet.

Adolf begriff diese Botschaft Stück für Stück. In ihm

wurde es immer heller. Nur jedesmal, wenn auf irgendeine Weise ihn persönlich die Aufforderung traf, sich zu entscheiden und sein Leben an Jesus auszuliefern, dann – obwohl er sich den Christen immer mehr verbunden fühlte – sträubte er sich. Er gestand sich selber ein, daß er ein wenig Angst hatte, bei einer solchen Entscheidung einen Teil seiner Individualität aufgeben zu müssen. Er begriff noch nicht, daß das, was er unter „Individualität" verstand, nichts anderes war als ein altes großes Ich, das sich nicht vor dem lebendigen Gott beugen wollte, das nicht bereit war, vor der am Kreuz geoffenbarten Liebe Jesu zu kapitulieren. Er hatte mit dem Verstand sehr wohl erfaßt, worauf es ankam. Er stand kurz davor, zu Jesus „Ja" zu sagen. Aber er schreckte plötzlich vor sich selbst zurück und sagte sich: „Ich habe noch nie im Leben einen Vertrag gebrochen – und ich unterschreibe keine ungedeckten Schecks!" Der Vertrag mit der Fremdenlegion war nicht gerade ein Abkommen über eine Urlaubsreise gewesen. Aber er hatte ihn, auch wenn viele Kameraden es anders gemacht hatten, bis zum Schluß eingehalten. Der Grund war einfach: Die Zeit bei der Legion war auf eine bestimmte Zahl von Jahren und Monaten begrenzt gewesen. Jetzt aber, das war Adolf klar, ging es um einen unbegrenzten Vertrag, der das ganze zukünftige Leben betraf. Und das erschien ihm zu gewagt …

Am 8. November 1975 schwebte die letzte Freizeitgruppe der Saison mit dem Flugzeug davon. Zuvor hatten die Leiter, Wolfgang und Inge Rüschoff, sich herzlich von Adolf verabschiedet. Als er nun dastand und der über die Bucht von Calvi hinwegdonnernden Caravelle nachschaute, fühlte er sich allein wie noch nie zuvor im Leben. Keine Einsamkeit draußen am großen Mekong oder in den Aures Nemenchas oder wo auch immer hatte er je so niederschmetternd empfunden als jetzt, da ihm plötzlich die Gemeinschaft mit

Menschen fehlte, die ihm vorher so viel gegeben hatte, bei der er auf etwas gestoßen war, ohne das er nun nicht mehr leben konnte. Adolf griff seinem Schäferhund Iblis ins zottige Nackenfell. Gut, daß dieser Kamerad noch da war. Das empfand Adolf wenigstens als einen ganz kleinen Trost. Aber er wußte, diese Christen aus Deutschland, ihre natürliche Herzlichkeit, vor allem das, was sie in der Mitte wirklich zusammenhielt, das Wort der Bibel, der Name „Jesus", ein ganz bestimmter Geist, der über allem lag und den er bis dahin in der ganzen Welt nicht angetroffen hatte – das alles würde ihm schrecklich fehlen. Er würde zusammen mit Iblis einen einsamen Winter zu verbringen haben. Adolf machte sich mit dem Hund auf den Weg zur Wohnung in Calvi.

Im Dezember gab es für ihn eine echte Adventsüberraschung. Herbert Müller kündigte sein Kommen an. Ganz kurz vor Weihnachten 1975 erschien er zusammen mit etlichen Mitarbeitern von „Neues Leben", um drei Tage lang intensive Vorbereitungen für die Urlaubssaison 1976 zu treffen. Dabei erfuhr Adolf zu seiner Verwunderung und Freude, daß das Missionswerk dabei war, das Calvi Hotel für mehrere Jahre komplett zu übernehmen, um darin nur noch Freizeitprogramme durchzuführen. „Wir müssen die Menschen mit dem Evangelium da erreichen, wo sie sind", so Herbert Müllers Erklärung, „am besten auch im Urlaub. Dann haben sie wenigstens genug Zeit, um zuzuhören und nachzudenken." Die Leute von „Neues Leben" machten gründlich Inventur und sprachen immer wieder von einer „Handwerkerfreizeit" zwecks Durchführung einiger notwendiger Umbauten am Hotel. Im Februar 1976 sollte es losgehen. Adolf freute sich, da er nun wußte, wann seine Einsamkeit ein Ende haben und er sich wieder in der Gemeinschaft der Christen bewegen würde.

So plante er beruhigt seinen Winterurlaub. Seine Schulden gegenüber dem französischen Staat hatte er bereits im November abbezahlt. Dennoch war er in der Beschäftigung bei dem Touristikunternehmer geblieben. Inzwischen war der Ausbau seines zweiten Hauses in San Antonino abgeschlossen. Er verkaufte jene erste Wohnung, die er sich vor Jahren hergerichtet hatte, und mit dem daraus erzielten Geld reiste er in einen Skiurlaub nach Österreich ins Stubaital. Nachdem er von dort zurückgekehrt war, zog er noch einmal ausgiebig durch die korsischen Berge, stets mit Iblis an der Seite. Sein Touristikunternehmer hatte ihn inständig gebeten, die Arbeit doch beizubehalten, und ihm angeboten, ihn auch über den Winter, wenn so gut wie nichts zu tun sei, weiterzubezahlen. Das Angebot hatte Adolf angenommen. Er stand in dauernder freudiger Erwartung auf die nächste Saison mit „Neues Leben".

Mitte Februar war es soweit: An einem Sonntagmorgen kamen sie mit dem Flugzeug. Adolf stand bereit, um sie abzuholen. Aus der Maschine stiegen ausnahmslos Herren mit allerlei Gepäck. Doch was Adolf sofort auffiel, waren die blau-grauen Lufthansa-Taschen, von denen jeder der Gäste eine bei sich trug. Die beiden Zollbeamten ließen, ohne jegliche Reaktion, die ersten 15 bis 20 Mann passieren. Dann wurde der eine stutzig und fragte einen der Reisenden: „Was ist in der Tasche?" Die Antwort war überraschend: „Weiß ich nicht." Man öffnete die Tasche und schaute nach. Der Inhalt bestand aus sechs Tellern, sechs Eßbestecken, einer Suppenkelle und einem Schreinerhobel. Der Beamte gab seiner Verwunderung darüber Ausdruck, was denn wohl der Hobel mit dem Küchengerät zu tun haben könnte, und ließ den Träger der Tasche durch, ebenso drei weitere Reisende. Dann griff er sich wieder einen heraus und bat, die Tasche zu öffnen. Inhalt: Sechs Teller, sechs Eßbestecke, eine Suppenkelle und zwei Schraubenzieher. Die nächste

Tasche wurde geöffnet. Inhalt: Sechs Teller, sechs Eßbestecke, eine Suppenkelle und ein Hammer. Und so ging das
noch bei einigen Lufthansa-Taschen weiter. In jeder war ein
anderes Stück Werkzeug. Plötzlich stürmten beide Zollbe-
amte los, liefen sämtlichen Reisenden nach, sogar bis in den
draußen schon wartenden und zum Teil bereits besetzten
Bus hinein und beschlagnahmten ausnahmslos alle Lufthansa-Taschen. Alles weitere Gepäck der etwa 40 Männer wurde nun auch eingehend unter die Lupe genommen, wobei die Beamten staunten, daß hier absolut nichts,
was verzollt hätte werden müssen, gefunden wurde. Alkohol, Tabakwaren, besondere Lebens- oder Genußmittel?
Nichts, gar nichts.

Dann folgten noch einige Kisten und Schachteln, auch ein
paar zusammengerollte dicke Stricke, eine Strickleiter, zwei
Töpfe mit Ölfarben und einige Pinsel. Die Zollbeamten
wandten sich an Adolf und fragten ihn, was das wohl zu bedeuten habe. Da kam auch schon in großer Hektik ein kör-
perbehinderter älterer Herr herbeigehinkt, der kein Französisch beherrschte und wild zu gestikulieren anfing. Einer
der anderen Männer flüsterte Adolf von hinten ins Ohr:
„Das ist unser pensionierter Oberleutnant. Der hat auf
dem Westerwald in und um Wölmersen schon alle Wander-
wege gekennzeichnet und will das auch hier rund um Calvi
tun." Unterdessen zeigte der Mann mit einer Hand nach
draußen, wies auf die hohen Berge hin, warf immer einige
zusammenhangslose Worte in deutsch wie „Berge – Wege –
ich – kennzeichnen – hier – alles – Calvi und so!" dazwischen, nahm dann einen Pinsel, zeigte damit auf einen Farb-
topf, fuhr mit dem Pinsel durch die Luft und zeigte wieder
auf die Berge. Ein Zollbeamter schüttelte den Kopf und
sagte zu Adolf: „Der ist bestimmt gekommen, um hier die
Berge anzumalen ...!"

Oberleutnant a. D. Rainer Milde aus Gummersbach durfte seine Sachen mitnehmen und sich auf die Arbeit stürzen. Die anderen, alles von „Neues Leben" zum Helfen eingeladene Maurer, Schreiner, Anstreicher, Elektriker, Klempner und sonstige versierte Handwerker, mußten zunächst ohne ihr besonderes Transportmaterial und Werkzeug, das von Herbert Müller zusammengestellt und ihnen mitgegeben worden war, ins Hotel fahren. Adolf und einige von der Handwerkergruppe hatten am nächsten Tag einen ganzen Vormittag lang mit den Beamten zu sprechen. Erst nach zähen Verhandlungen gab der Zoll die Taschen mit Inhalt frei. Und dann konnte es losgehen. Vom Nachmittag an war der vordere Teil des Hotels vom Hämmern und Sägen der Männer erfüllt, die Luft hing voller Staub. Vier Wochen lang bauten die Männer einen Versammlungsraum und die Hotelküche aus.

Nachdem am letzten Tag der Malermeister seine letzte Tapete angeklebt hatte, blieb noch ein wenig Zeit übrig. Und so erschien er in Calvi bei Adolf Karos in der Wohnung, um sogleich auch bei ihm noch einige Räume auf die Schnelle zu tapezieren. Es war der Vorabend der Abreise nach Deutschland. Zu später Stunde war der freundliche Malermeister gerade mit seiner Arbeit fertig geworden, da kam einer von den anderen Handwerkern angelaufen und rief dem Mann zu: „Komm schnell ins Hotel, deine Tapete ist von der Wand gefallen!" So hatte der Maler noch fast die ganze Nacht hindurch im Hotel zu tun. Als er am nächsten Tag ins Flugzeug stieg, fiel er nur noch müde in den Sitz, schloß die Augen und schlief durch bis Deutschland.

Einen Tag später begann der Freizeitbetrieb. Die erste Gruppe kam für vier Wochen und wurde geleitet von Evangelist Rainer Wende. Auch ihm hatte man in Deutschland bereits viel über Adolf Karos erzählt. Adolf lernte Wende, unter dessen Botschaft und in dessen Seelsorge schon so mancher seine große Lebenswende vollzogen hatte, schnell kennen. Der Evangelist sprach ihn sehr direkt und gezielt auf Fragen an, die Adolf schon aus den Vorträgen des Vorjahrs mehr oder weniger geläufig waren. Es ging um Bereinigung des alten Lebens im Angesicht Jesu Christi, um Vergebung der Sünden, um Errettung zum ewigen Leben. Rainer Wende brachte seine Gedanken im Gespräch mit Adolf rückhaltlos und, wie er selbst gern zu sagen pflegte, „knallhart" zum Ausdruck, aber doch insgesamt in der ihm eigenen liebevollen Art, durch die Gott Herzen anrührt. Adolf wußte genau, daß das alles ihn persönlich betraf, daß er gerufen war – aber er entschied sich nicht.

Zu den Freizeitgästen gehörte auch eine 20 Jahre junge Dame aus Deutschland. Sie erschien eines Tages in Calvi in seiner Reiseagentur. Und weil sie sich sofort mit Iblis gut verstand, fand Adolf sie ziemlich sympathisch. Von da an konnte er es nicht mehr hindern, daß überall, wo sie sich begegneten, im Hotel, auf Rundfahrten oder sonst irgendwo, sich ihrer beider Augen trafen. Bald wurde daraus ein Gespräch, eine Liebe. Man sprach sogar über gewisse Möglichkeiten einer gemeinsamen Zukunft. Gleichzeitig blieb Adolf aber doch mehr oder weniger unverbindlich. Immer wieder sagte er sich: „Das hat keinen Zweck, alter Junge! Das Mädchen hat noch sein ganzes Leben vor sich, und du hast es schon zur Hälfte hinter dir . . ." Die Freizeit ging dem Ende zu. Rainer Wende konnte eine gewisse Traurigkeit nicht verbergen. Er und alle Freizeitler wußten, daß sich der Adolf um seines ewigen Lebens willen für Jesus entscheiden mußte und im Grund längst an diesem Punkt angekommen war. Adolf hingegen wußte, daß sie alle so dachten und genau dies von ihm erwarteten. Und er sagte sich: „Ich kann mich doch nicht entscheiden, um den lieben Leuten einen Gefallen zu tun!" Auch nicht dem Mädchen, der jungen Waltraud Sus aus Hohenhaslach bei Stuttgart, zuliebe wollte er diese Entscheidung treffen. Hier ging es schließlich um etwas ganz anderes – und um unendlich viel mehr!

Die nächste Freizeit kam. Adolf hörte wiederum die vielen guten Botschaften aus der Bibel. Aber ein Text, den er erstmalig bewußt bei Rainer Wende gehört und sich gemerkt hatte, ging ihm nicht aus dem Sinn:

Der Herr ist mein Hirte, mir wird nichts mangeln.
Er weidet mich auf einer grünen Aue
und führet mich zu frischem Wasser.
Er erquicket meine Seele. Er führet mich
auf rechter Straße um seines Namens willen.
Und ob ich schon wanderte im finstern Tal,
fürchte ich kein Unglück; denn du bist bei mir,
dein Stecken und Stab trösten mich.
Du bereitest vor mir einen Tisch im Angesicht meiner Feinde.
Du salbest mein Haupt mit Öl
und schenkest mir voll ein.
Gutes und Barmherzigkeit werden mir folgen
mein Leben lang, und ich werde bleiben
im Hause des Herrn immerdar.

Adolf konnte verstehen und fühlte, daß hier das verborgen lag, wonach er schon sein ganzes Leben lang gesucht hatte: Ruhe, Friede, Geborgenheit. Hier begegnete ihm die Liebe Gottes persönlich. Hier wurde Adolf klar: Der Gott des Himmels und der Erde liebt mich und will mein Vater sein.

Im Mai 1976 war Adolf endlich an dem Punkt angekommen, an dem er ganz genau wußte, daß er jetzt nicht mehr warten, nichts mehr hinausschieben durfte. Die Freizeit, die gerade im Calvi Hotel stattfand, wurde von Evangelist

Hans-Jürgen Kitzinger geleitet. „Hör mal, Hans-Jürgen, hast du heute abend Zeit für mich?" Und ob Hans-Jürgen Zeit hatte! Es wurde ein langes Gespräch. Adolf wurde so vieles bewußt. Sein bisheriges Leben war, ohne daß er das früher je richtig begriffen hatte, voller Sünde gewesen. Sünde war eben alles, was ihn von Gott ferngehalten und weiter entfernt hatte. Sünde war der gesamte Zustand seines Lebens gewesen, deshalb hatte er unablässig gesündigt. „Dazu ist der Sohn Gottes erschienen, daß er die Werke des Teufels zerstöre", las Kitzinger ihm aus der Bibel vor. Und er las an anderer Stelle im selben Buch weiter: „Wenn wir aber im Licht wandeln, wie er Licht ist, so haben wir Gemeinschaft untereinander, und das Blut Jesu Christi, seines Sohnes, macht uns rein von aller Sünde. Wenn wir sagen, wir haben keine Sünde, so verführen wir uns selbst, und die Wahrheit ist nicht in uns. Wenn wir aber unsere Sünden bekennen, so ist er treu und gerecht, daß er uns die Sünden vergibt und reinigt uns von aller Untugend." Adolf hatte begriffen – und sagte Ja! Er bekannte seine Sünden vor dem Angesicht des Herrn und bekam volle Vergebung. Danach zog eine große Freude in sein Herz ein. Jetzt wußte er genau: Er hatte das gefunden, was er suchte. Das Ziel seiner Sehnsucht war erreicht. Sein Herz hatte Frieden gefunden, Frieden mit dem lebendigen Gott!

Immer wieder kamen Briefe aus Deutschland von Waltraud Sus. Er hatte das Mädchen von Herzen lieb, sagte sich aber immer wieder, daß er gerade deshalb auf ihre Verliebtheit nicht eingehen sollte, um ihr nicht einen Teil des Lebens zu verbauen. Waltraud schrieb nicht selten auch über Glaubensfragen. Sie meinte es ohne Zweifel ehrlich. Doch Adolf beantwortete nicht ein einziges ihrer Schreiben. Sie war nun 21 Jahre alt. Irgendwann würde sie dahin gelangen, daß sie Adolf vergessen und einen jüngeren Partner finden würde.

Das wäre in jedem Fall besser für sie. Adolf war von der Richtigkeit dieser seiner Auffassung überzeugt. Er war immerhin 43 Jahre alt und hätte ihr Vater sein können.

Aber er hatte sich, bei aller zwingenden Logik seiner Gedankengänge, doch verrechnet. Erstmalig begegnete er hier, ohne dies gleich in vollem Ausmaß erkannt zu haben, einem Fall von Liebe, die hart ist wie der Tod. Seine Waltraud ließ sich weder einfach abschütteln noch totschweigen. Im Sommer kam erneut Rainer Wende als Freizeitleiter nach Calvi. Er freute sich ganz mächtig, als er hörte, daß Adolf sich für ein Leben mit und für Jesus Christus entschieden hatte. Dann aber hatte er mit ihm auch ein sehr ernstes Gespräch zu führen. Wende wußte in vielen Einzelheiten über die Geschichte mit der jungen Dame aus Hohenhaslach Bescheid und riet Adolf nun eindringlich, ihr zu schreiben und sie kurzerhand nach Calvi einzuladen. Wieder stand Adolf vor einem Vertrag, von dem er wußte, daß er fürs ganze Leben Gültigkeit haben werde, und daß, wenn er ihn einging, er ihn niemals würde brechen dürfen. Aber diesmal gehorchte Adolf dem Bruder in Christo, der ihn liebevoll ermahnte, und schrieb an Waltraud Sus.

Kurze Zeit später kam sie allein in Calvi an. Sie blieb eine Woche lang. Als sie vernahm, daß Adolf Christ geworden sei, kannte ihre Freude keine Grenzen. Genau dafür und immer wieder nur dafür hatte sie in letzter Zeit gebetet. Gott hatte die Gebete erhört. Kurz bevor sie wieder abreiste, gaben sich die beiden das Eheversprechen. Eine glückliche Waltraud fuhr nach Deutschland zurück. Ein fröhlicher Adolf blieb auf Korsika. Nun nahm sein Leben auch äußerlich eine ganz neue Richtung. Er hatte sich früher alles mögliche vorgenommen, nur das nicht. Aber jetzt erkannte er in alledem den Willen Gottes für sich.

Aus Kameraden wurden Brüder

Geheiratet haben Adolf und Waltraud am 10. Dezember 1976 auf dem Standesamt zu Sachsenheim. Nachmittags fand die Trauung in der Freien evangelischen Gemeinde in Stuttgart an der Neckarstraße statt. Die Botschaft und die Segensworte sprach Evangelist Wolfgang Rüschoff. Zu den Festgästen gehörten neben Rainer Wende und Herbert Müller auch Geschwister von Waltraud, die fast alle Missionare in Tanzania sind. Heute leben Adolf und Waltraud Karos in einem eigenen Haus in Calvi. Inzwischen haben sie drei Kinder.

Adolf lernte den Gründer und Leiter des Missionswerks „Neues Leben", Evangelist Anton Schulte, persönlich kennen, als der zu Ostern 1977 zusammen mit Herbert Müller nach Calvi kam. Beide trugen Adolf die Bitte vor, Mitarbeiter bei „Neues Leben" zu werden und die Leitung des Calvi Hotels zu übernehmen. Zunächst lehnte Adolf rundheraus ab. Das wäre ja nun wieder das Gegenteil von dem gewesen, was er sich ursprünglich vorgenommen hatte. Er bezog vom französischen Staat seine Rente und wollte ein mehr oder weniger geruhsames, vor allem jedoch unabhängiges Leben führen. Die Leitung eines solchen Hauses würde ihn jeden Tag etwa 24 Stunden lang rund um die Uhr beschäftigen.

Die Sommersaison 1977 kam. Der Betrieb im Hotel funktionierte leidlich. Alle spürten, hier fehlte die richtige Leitung. Auch Adolf konnte sich vor dieser Tatsache nicht verschließen. Seine junge Frau begann, ihn dahin zu bewegen, mit in die Arbeit von „Neues Leben" einzutreten.

Adolf Karos
vor dem Calvi Hotel

„Wenn du diese Arbeit machst, dann tust du es ja nicht zuerst fürs Geld", erklärte sie ihm, „sondern dann tust du vor allem ein wenig für deinen Herrn, der für dich viel, viel mehr getan hat!" Dann sprach ihn auch sein Chef, der Touristikunternehmer, darauf an, der den Sommer hindurch das Leben im Calvi Hotel beobachtet und dabei manche Probleme zur Kenntnis genommen hatte. „Ich gebe Sie zwar nur höchst ungern ab", erklärte er, „aber es ist besser, Sie übernehmen die Leitung des Hotels und wir bleiben in guter geschäftlicher Verbindung, als daß die Arbeit dieses Missionswerks hier in Calvi zusammenbricht."

So wurde Adolf Karos, der ehemalige Fremdenlegionär, am 1. November 1977 Mitarbeiter von „Neues Leben". Obwohl die Sommersaison gelaufen war, mangelte es nicht an Arbeit. Den Winter über gab es wieder vieles im Hotel zu renovieren und auch umzubauen. Dann kam der Frühling 1978. Wieder war ein volles Programm aufgestellt worden, liefen die Freizeiten nacheinander ab, wirbelten alte und junge Menschen durch das Haus. Sie alle kamen herbei, um

Familie Karos auf der Insel Korsika

die Mittelmeersonne, den 150 Meter hinter dem Hotel beginnenden Strand und die Gemeinschaft zu genießen.

Bald machte Adolf eine besondere Erfahrung: Immer wieder gab es einzelne Gäste, die zum ersten Mal nach Calvi kamen und sofort nach der Ankunft, so wie sie das Haus betreten hatten, in eine große Unzufriedenheit und zuweilen aggressive Stimmung verfielen. Wurden sie nach ihrem Kummer gefragt, kamen durchweg die gleichen Antworten: „Da habe ich mich endlich von der Arbeit zu Hause logerissen, und nun will ich hier wirklich meine Ruhe haben, aber jetzt ..." Nun, was sollte denn jetzt sein? „Ach, wissen Sie, ich weiß auch nicht ..." Adolf bemerkte, daß diese Menschen sowohl mehr oder weniger stresskrank auf Korsika ankamen als auch zunächst ein wenig den Klimawechsel, obgleich der gegenüber Deutschland nicht sehr groß ist, zu verkraften hatten.

Spätestens nach zwei Tagen waren diese Kratzbürsten unter den Freizeitgästen nicht wiederzuerkennen. Sie hatten sich völlig akklimatisiert und waren jetzt mit ihrer neuen Umgebung und sich selbst eins. „Genau diese Gäste", stellt

Adolf Karos fest, „sind am Schluß einer Freizeit die dankbarsten. Und im nächsten Jahr sind sie wieder da." Weit über die Hälfte der Gäste, die sich alljährlich mit „Neues Leben" in und um Calvi tummeln, kommen schon nicht mehr zum ersten Mal. Nicht wenige von ihnen waren bereits ein Dutzendmal mit in der munteren Freizeitrunde. Denn das ist den meisten Gästen im Calvi Hotel klargeworden: Mehr als der ganze schöne Urlaubsrahmen aus Wohnkomfort, Sonne, Strand und Meer trägt die Gemeinschaft unter Gottes Wort zu wirklicher Ruhe und Erholung bei.

Ein besonderes Stück seiner Vergangenheit ließ Gott Adolf dennoch nachlaufen. Nachdem er seine Hinwendung zu Jesus vollzogen hatte, fiel ihm wieder ein, daß Alfons Hahnefeld, sein junger Freund und Mitkämpfer im Indochina-Krieg, ihm nach der Rückkehr in die Heimat mehrfach geschrieben hatte – und der Inhalt der Zeilen von Alfons war so völlig anders gewesen als je zuvor: Darin kamen plötzlich immer wieder Gott und Jesus Christus vor. Das klang auf einmal alles so fromm, und Adolf hatte nichts damit anzufangen gewußt. Er hatte Alfons zwar geantwortet und war dabei auf die christlichen Anspielungen nicht eingegangen. Aber Alfons Hahnefeld hatte immer wieder davon angefangen.

Die Korrespondenz mit dem Kameraden hatte angedauert, bis Adolf seinen damaligen Deutschland-Aufenthalt beendet und wieder zur Fremdenlegion zurückgefunden hatte. Dann ließ Alfons den Legionär eines Tages wissen, daß er dabei sei, zusammen mit seiner Frau Rosemarie nach Australien auszuwandern. Sie seien beide überzeugt, daß dies der Weg Gottes für sie sei. Eines Tages schrieb Alfons von der Schiffsreise durch den Suezkanal eine Ansichtskarte an Adolf nach Algier. „Unterwegs habe ich im Vorbeifahren die Berge von Algerien beäugt", schrieb er im früheren Legionärsjargon, „und ich hoffte, dich alte Schmatzrübe dort zu entdecken, aber du warst nicht zu sehen!"

Von Australien kamen noch etliche Briefe. Immer wieder steckte irgendwo die leise Aufforderung darin, den Blick auf diesen Jesus zu richten. Irgendwann aber war Adolf es leid und er antwortete nicht mehr. Ab 1965 herrschte zwischen den beiden alten Kameraden Funkstille.

Dies alles fiel Adolf, nachdem er selber nun Christ geworden war, wieder ein, und er erzählte seiner Frau davon. Waltraud meinte: „Du solltest wieder Kontakt mit ihm aufnehmen." Er suchte in seiner früheren Post herum, bis er die Adresse in Australien gefunden hatte, und schrieb an Alfons Hahnefeld einen Brief. Der kam jedoch nach kurzer Zeit mit dem Vermerk „Empfänger unbekannt" zurück. Waltraud machte einige Freunde in der Bundesrepublik Deutschland munter, die sich auf ihren Wunsch mit der Auswanderungsstelle in Verbindung setzten und hinter Alfons Hahnefeld herforschten. Doch auch das führte zu keinem Erfolg.

Erst im Frühjahr 1984 tat sich etwas, ohne daß Adolf und Waltraud von sich aus daran beteiligt waren. Adolfs Schwester und ihr Mann hielten sich zwei Wochen in Calvi auf. Als sie wieder heimfuhren und in Hermeskeil auf dem Hunsrück ankamen, lag da ein Brief an Adolf Karos vor. Absender: Alfons Hahnefeld. Die Schwester gab Adolf telefonisch durch, daß Hahnefeld laut Briefinhalt auf einer Europatour von Paris kommend in Hermeskeil Station gemacht, dort aber niemand angetroffen und den Brief hinterlegt habe. Das Schreiben enthielt die Mitteilung, daß Hahnefeld zu seinem Bruder weitergereist sei, aber er hatte weder Adresse noch Telefonnummer hinterlassen.

Adolf erklärte seiner Schwester, daß der Alfons aus Kassel stamme, und bat sie, bei der Telefonauskunft nach dem

Namen Hahnefeld in Kassel zu fragen. Eine halbe Stunde später rief die Schwester erneut an und gab ihm zwei Adressen mit Anschlüssen in Kassel an. Adolf wählte von Korsika aus nach Kassel durch und landete zuerst beim Vater, dann beim Bruder von Alfons. Und endlich sprachen sie miteinander. Alfons Hahnefeld versprach, mit seiner Frau nach Korsika zu kommen. Drei Wochen später gab es auf dem Flughafen von Bastia ein Zusammentreffen zweier Kameraden aus der Fremdenlegion, die sich 28 Jahre lang nicht mehr gesehen hatten.

In Calvi, bei Adolf zu Hause, kam es zu vielen langen Gesprächen. Immer wieder wurden Erinnerungen ausgetauscht. Und dann schnitt Adolf das Thema vom Glauben an. Da erfuhr er, daß Alfons Hahnefeld kurz nach seiner Rückkehr von der Fremdenlegion in Deutschland Christen gefunden hatte, die ihm klar und einfach den Weg zu Jesus Christus gezeigt hatten. Alfons bekannte freimütig, daß er sein Leben diesem Herrn übergeben habe. So sei es eine Selbstverständlichkeit gewesen, in den Briefen und Postkarten auch Adolf auf diesen Weg des Lebens hinzuweisen. Ob er das methodisch immer richtig gemacht habe, ließ er selber offen, und meinte, zumindest der gute Wille dazu sei vorhanden gewesen.

Nun rückte Adolf damit heraus, daß sie jetzt Brüder im gemeinsamen Glauben seien. Auch er habe sein Leben Jesus Christus ausgeliefert. Alfons Hahnefeld hielt für einige Sekunden die Luft an. Ein stilles Leuchten strahlte aus seinen Augen. Er schaute kurz seine Frau an. Dann sagte er zu Adolf: „Ob du's glaubst oder nicht – dafür haben Rosemarie und ich, seit ich Christ bin, zu Gott gebetet."